Digne M. Marcovicz

Massel

Letzte Zeugen

Digne M. Marcovicz

Massel

Letzte Zeugen

Mitarbeit
Notker Schweikhardt

Carl Hanser Verlag

Für Emanuel -

meinen Enkel

Was interessiert, ist nicht das Thema eines Buches. Man kann auch über Kaninchen oder Ameisen schreiben.
Trotzdem meine ich, dass die nazistischen Massaker so oder so den zentralen Knotenpunkt der europäischen Geschichte unseres Jahrhunderts bilden. Darum ist es nicht verwunderlich, dass unter den Lesern, speziell den jüngeren, das Interesse für das Thema keineswegs geschwunden ist, ja bei ihnen ist es sogar lebendiger als bei den älteren Generationen, die sich gegenüber dem Faschismus weitgehend kompromittiert haben.

Primo Levi

Eva Feldenkreiz, geboren 1921
in Sandomierz, Polen,
lebt heute im Kibbuz Lohamei
Haghetaot in Israel.

Havka Folman Raban, geboren 1932
in Kielce, Polen,
lebt heute im Kibbuz Lohamei
Haghetaot.

Ester Golan, geboren 1923
in Glogau, Schlesien,
lebt heute in Jerusalem.

Barbara Gora, geboren 1932
in Warschau,
wo sie heute noch lebt.

Józef Hen, geboren 1923
in Warschau,
wo er heute als Schriftsteller
lebt.

Edgar Hilsenrath, geboren 1926
in Leipzig,
lebt heute als Schriftsteller in
Berlin.

Chava Kiesler, geboren 1926
in Prag,
Nathan Kiesler, geboren 1918
in Yasina, Tschechoslowakei;
sie leben heute in Haifa.

Sara Pilpeli, geboren 1914
in Rumänien,
lebt heute im Kibbuz Lohamei
Haghetaot.

Jizchak Schwersenz, geboren 1915
in Berlin,
starb dort am 2. Juni 2005.

Sarah Shner, geboren 1913
in Duschnitza nahe der polnisch-
litauischen Grenze,
lebt heute im Kibbuz Lohamei
Haghetaot.

Mordechai Weinryb, geboren 1922
in Zarki, Polen,
lebt heute in Berlin.

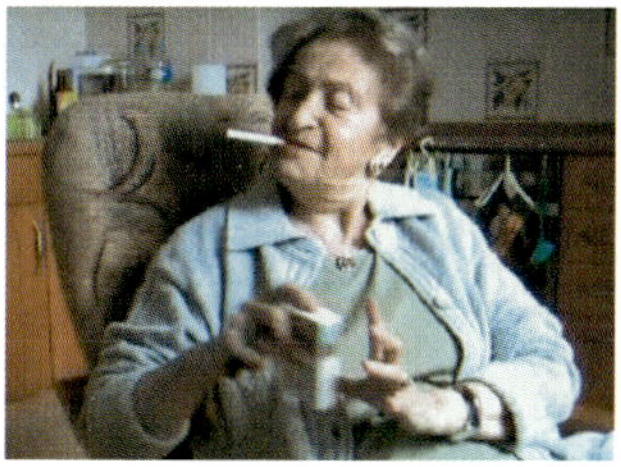

Irene Wygodzki, geboren 1922
in Magdeburg als Kind polnischer
Eltern,
lebt heute in Warschau.

Eva Feldenkreiz,

geb. 1921 in Sandomierz in Polen. Heute lebt sie im Kibbuz Lohamei Haghetaot.

Ich bin in Polen in Sandomierz geboren und aufgewachsen.
Die Juden nennen das Städtchen Tzoyzmir.

Es liegt südlich von Warschau und östlich von Krakau und Auschwitz.

DANZIG
Elbing
Rastenburg
Lötzen
Lyck
Augustów
Grajewo
Goniądz
Osowiec
Sokółka
Allenstein
Verwaltung
Osterode
Kolno
Chorzele
Łomża
BIAŁYSTOK
Łapy
Strasburg
(Brodnica)
Soldau
(Działdowo)
Mława
Ostrołęka
Narew
Rypin
Ciechanów
Ostrów Mazowiecka
Małkinia Górna
Hajnówka
Bielsk
Podlaski
Sierpc
Lipno
Włocławek
Pułtusk
Bug
Płock
Zakroczym
Sokołów
Podlaski
Siemiatycze
Gostynin
WARSCHAU
(WARSZAWA)
Siedlce
Kutno
Sochaczew
Otwock
Piaseczno
Biała
Podlaska
Pruszków
Pilawa
Międzyrzec
Podlaski
Łowitsch
Żyrardów
Skierniewice
Łuków
Ozorków
Zgierz
Rawa
Mazowiecka
Weichsel
LODSCH
(LODZ)
(Kalisz)
Pabianice
Pilica
Białobrzegi
Dęblin
Parczew
Włodawa
Sieradz
Zduńska Wola
Tomaschow
(Tomaszów Mazowiecki)
Pionki
Puławy
RADOM
LUBLIN
Petrikau
(Piotrków Trybunalski)
Opole
Lubelskie
Złoczew
Iłża
Skarżysko-
Kamienna
Starachowice
Bychawa
Wieluń
Radomsko
Kraśnik
Ostrowiec
Świętokrzyski
Kielce
Łysa Góra
TSCHENSTOCHAU
(CZĘSTOCHOWA)
Sandomir
(Sandomierz)
Stalowa Wola
Tanew
Jędrzejów
Staszów
Nisko
Lublinitz
Stopnica
KÖNIGSHÜTTE
(CHORZÓW)
SOSNOWIEC
Nida
BEUTHEN
HINDENBG
Nowy
Korczyn
Mielec
Leżajsk
Kolbuszowa
Przeworsk
Dąbrowa
Tarnowska
Olkusz
GLEIWITZ
KATTOWITZ
(KATOWICE)
KRAKAU
(KRAKÓW)
Tarnów
Dębica
Rzeszów
Jarosław
Rybnik
Bochnia
Auschwitz
(Oświęcim)
Pleß
Czechowice
Myślenice
Przemyśl
Neu Sandez
(Nowy Sącz)
Krosno
Sanok
OSTRAU
(OSTRAVA)
Bielitz-Biala
Neumarkt
(Nowy Targ)

Ich wurde in Krakau verhaftet als polnische Jüdin,

obwohl ich doch überhaupt nicht jüdisch aussehe!

Ich kam dort in ein kleineres Ghetto.

Dann wurde ich nach Auschwitz gebracht.

In Auschwitz war ich fast zwei Jahre.
Es war so entsetzlich schrecklich dort, dass ich nur noch sterben wollte.

**Ich musste mit meinen bl
Händen den Dreck wegschau**

Das war meine Arbeit.

en
eln.

Staatliches Museum Auschwitz

Sie haben
lebendige
Kinder
ins Feuer
geworfen.

Was sind das für Menschen, die so etwas tun können?! Ich wollte damals nur noch irgendwo liegen und einfach weg-sterben.

"Die Zeit, der ich gedenke" – Eva Feldenkreiz

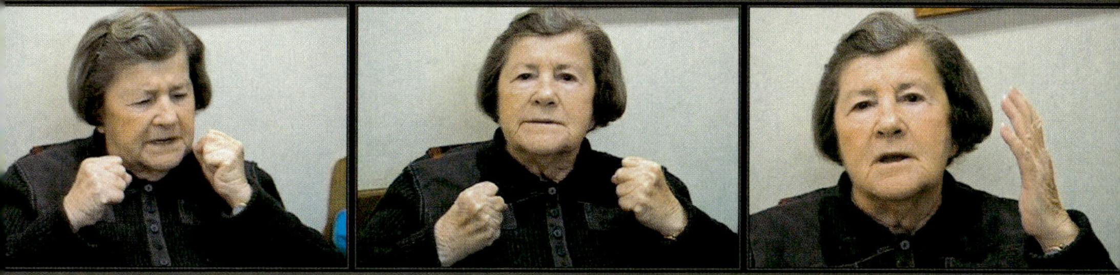

Dann wurden wir auf einmal von dort weggebracht in ein kleines Lager. Wir mussten in einer Fabrik arbeiten. Dort lernte ich eine deutsche Frau kennen, eine Kommunistin, die mit ihrer ganzen Familie, auch alles Komunisten, in der Fabrik arbeitete.

Zu der Zeit überlegte ich, wie ich am besten weglaufen könnte.
Die Frau, sie hieß Spieler, versprach, mir zu helfen, wenn mir die Flucht gelingen sollte.

Wir wurden dann 1944 auf einen Fußmarsch geschickt Richtung Deutschland. Die Deutschen brauchten in der Heimat Arbeiter, weil die deutschen Männer nach Russland an die Front geschickt wurden für den Kampf gegen die Russen. Unterwegs fragte ich einige Frauen, ob sie mit mir gehen würden: "Willst du mit mir weglaufen? Dann komm, komm!" Wir waren nur polnische jüdische Frauen, und eine hat gesagt: "Ja, ich gehe mit dir." Sie hieß Lidka. Wir liefen durch den Wald und kamen an einen Berg, wo wir uns erschöpft zum Schlafen gelegt haben.
Es war sehr kalt.

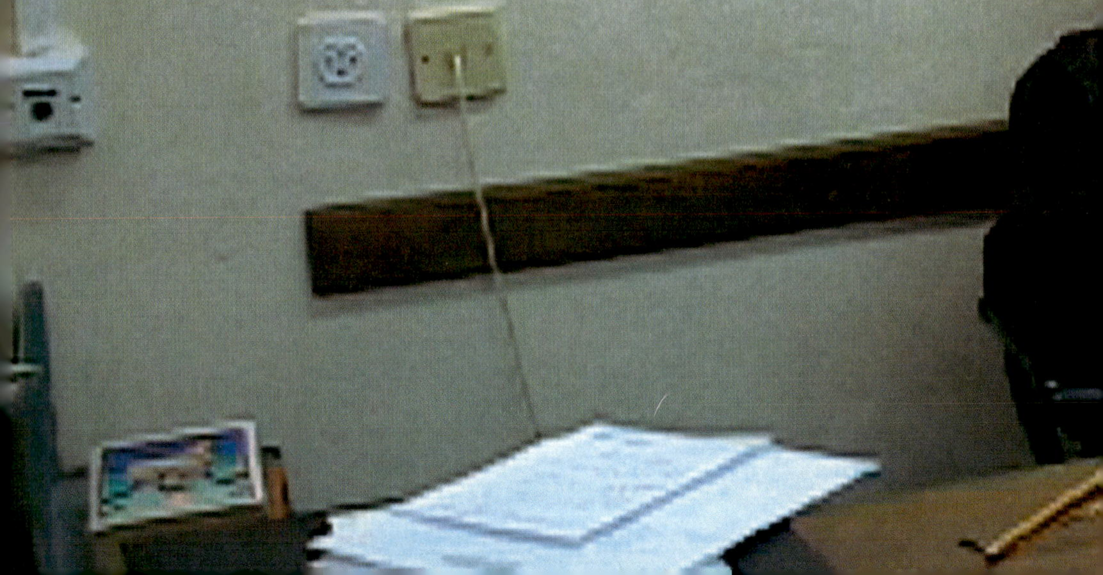

Wir fanden russische Flugblätter, die die Russen für die deutsche Armee abgeworfen hatten. Darin stand: "Ihr sollt nicht mehr kämpfen!"
Wir liefen weiter, immer weiter. Wir wollten wieder zu der Fabrik finden, wo die deutsche Komunistin arbeitete.

Wir hatten das Problem, dass meine Freundin keine festen Schuhe hatte, um so weit zu laufen. Ich hatte in Auschwitz von einer Frau, die die Kleidung der getöteten Juden ordnete, ein paar sehr gute, feste Schuhe bekommen, weil sie davon wusste, dass ich vorhatte zu fliehen.

Nun, es musste irgendwie gehen. Wir liefen und liefen und liefen immer weiter.

Plötzlich trafen wir drei Kriegsgefangene, es waren Franzosen. Ich hatte zu Hause etwas Französisch gelernt und konnte sagen, was ich wollte. Die Franzosen waren so gerührt über unsere Geschichte. Sie kannten einen französischen Juden, einen Schneider, der für die Gestapo nähte und deshalb nicht ermordet worden war - weil sie ihn brauchten. Er hieß Herr Reichmann!
Sie brachten uns zu ihm.

Ich bin jetzt so aufgeregt, wenn ich mich an all das wieder erinnere...

"Das kann ich gut verstehen, lassen Sie sich Zeit – ganz langsam, erzählen Sie mir alles weiter."

Schuhe ermordeter Gefangener / Auschwitz

Reichmann hatte eine deutsche Geliebte, ihr Mann war im Krieg.
Sie hatte eine kleine Wohnung, und zwei kleine Kinder.
Sie hat gesagt:
"Ich nehme die zwei Mädchen!"
Sie hat mir Kleider gebracht, eine Uniform vom BDM (Bund Deutscher Mädchen). Nur mir, nicht der Freundin, die zu jüdisch aussah mit ihrer langen Nase. Sie ist bei der Frau geblieben, während ich mich wieder auf den Weg machte zu der Fabrik und dem Lager, um die deutsche Komunistin, Frau Spieler, zu finden.
Es war nur noch sieben Kilometer entfernt.

Sie hatte zwei Zimmer, und in das Schlafzimmer führte sie uns. Da wa ein breites Bett - das war so sauber, so weiß! Keine Läuse! So etwa hatten wir jahrelang nicht gesehen

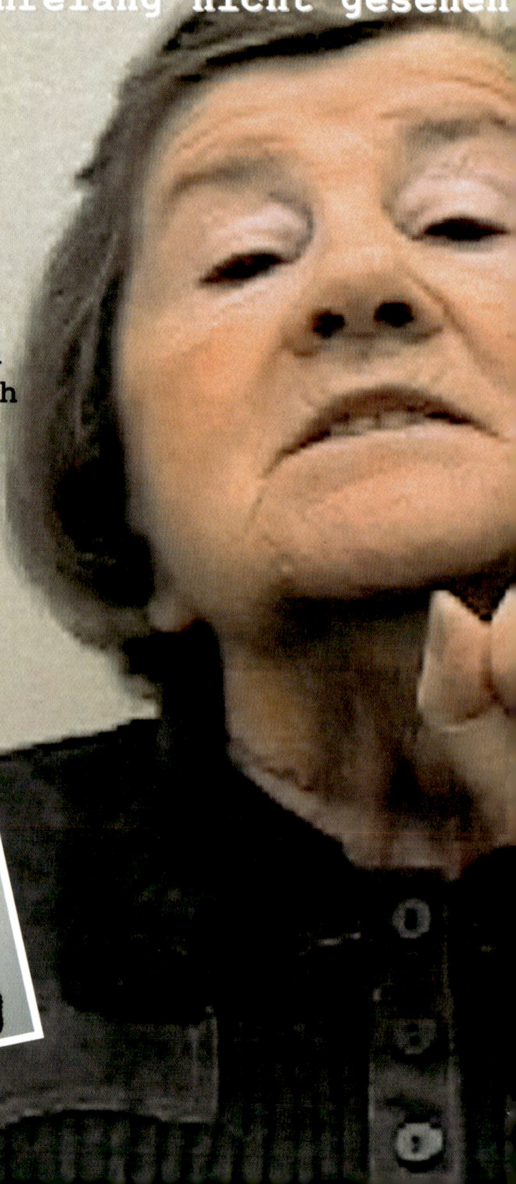

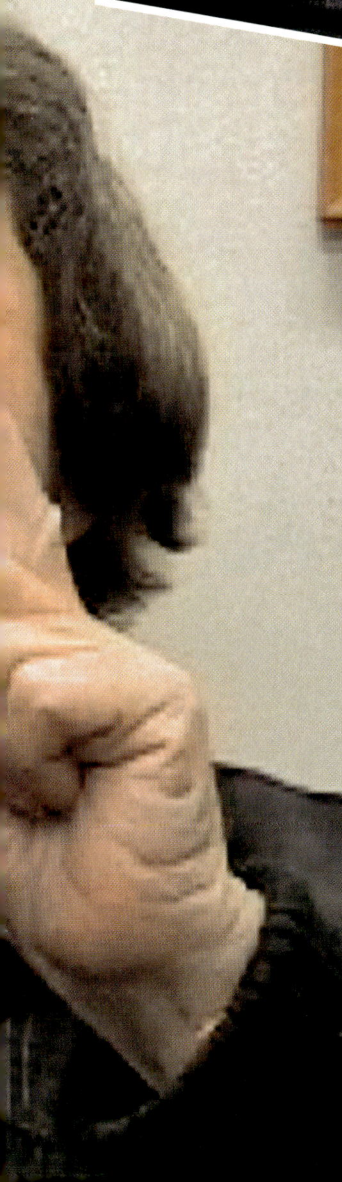

Ich fand sie in ihrem Haus. Ich erzählte ihr, dass ich noch eine Freundin bei mir hätte, und fragte sie: "Können Sie uns helfen?" Sie sagte: "Jawohl! Geh zurück und bring deine Freundin mit." Ihr Mann war an der russischen Front gefallen.

Sie war eine außergewöhnliche Frau!

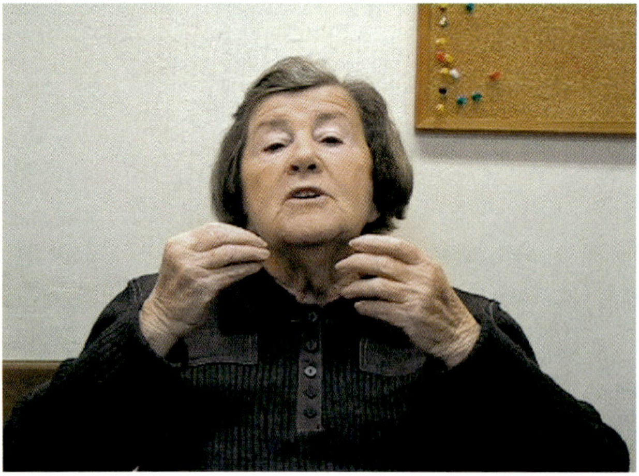

In der folgenden Nacht bin ich zurückgegangen und habe meine Freundin geholt.
Frau Spieler versteckte uns im Bett ihres Mannes.

Einmal bemerkte ein Mann aus unserem Haus höhnisch lachend: "Da oben tanzen ja Geister!", und eine Nachbarin hatte uns zufällig in der Wohnung gesehen. Danach sagten die Leute:

"Wir wollen diese Mädchen nicht in unserem Haus sehen."

Da hat Frau Spieler zu uns gesagt:

"Ihr müsst jetzt ganz leise sein, dürft nicht mehr sprechen

Sie hat einen großen Topf mit einem Deckel neben unser Bett gestellt, damit wir nicht auf die Toilette raus mussten.

Sie ist jeden Tag weggegangen und hat ihre Schwester besucht, damit die Menschen in dem Haus denken sollten, dass sich da niemand mehr in der Wohnung befindet.

Sie hat uns Papier gebracht, damit wir unsere Erinnerungen aufschreiben sollten, was wir auch taten.

und nicht aus dem Zimmer gehen."

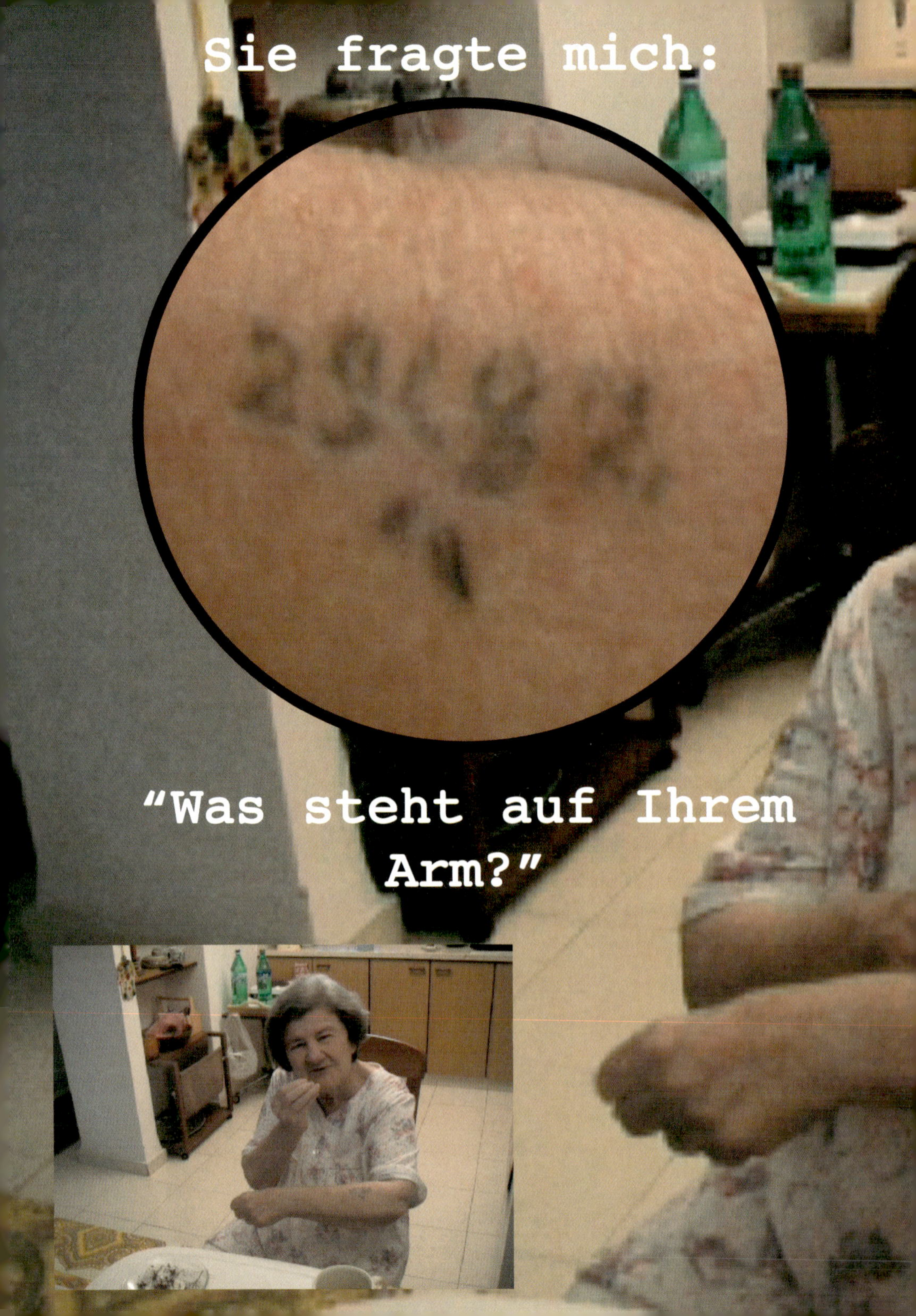

Sie fragte mich:

"Was steht auf Ihrem Arm?"

Ich sagte ihr:

"Das ist der Name meines Bräutigams."

In Wahrheit hatte man mir in Auschwitz die Nummer "29682" auf meinen Arm tätowiert.

Die waren wir

Eines Tages hörten wir in unserem Bett einen wundervollen Gesang von den italienischen Partisanen, die dort im Gefängnis waren. Sie sangen so schön!
Dann hörten wir genau hin:

"La guerra

Wir haben das beide verstanden: "Der Krieg ist zu Ende!"

Wir sind raus aus dem Bett gesprungen, wir haben beide geweint.

Wir hatten keine Angst mehr.

é finita!"

Russen gekommen, waren frei!

Frau Spieler kam zurück und wusste es schon, dass der Krieg aus war.

Dann haben wir uns getrennt, und jeder ist seinen Weg nach Hause gegangen.

האנדרטה לזכר הניספים בבית־העלמין בסאנדומייז'
The monument in the Jewish cemetery of Sandomierz memorialising the perished victims

Ich kam nach Tzoyzmir. Keiner war mehr da, alle waren tot, auch mein Vater!

In einem Fotoladen fand ich zufällig ein Bild von ihm, er war damals 42 Jahre alt.

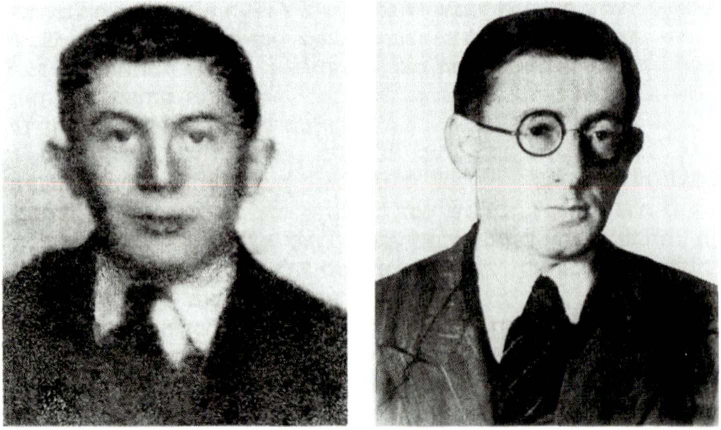

חיים ויחיאל גרינבל, אביה ואחיה של אווה פלדנקרייז. צילומים משנת 1941
Haim and Yehiel Grinbal, father and brother of Eva Feldenkreiz. Photos taken during the Holocaust

Ich träume davon,

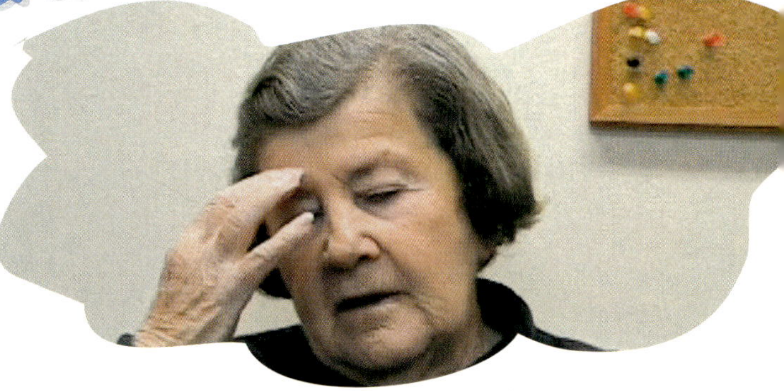

dass wir hier in Israel, zusammen mit den Arabern, gut leben können.
Meine Tochter Frumit ist mit einem Amerikaner verheiratet.

In Jerusalem geht ihre Tochter Aviv auf eine Schule zusammen mit arabischen Kindern, und sie lernt dort natürlich auch die arabische Sprache.

Modell für multikulturelle Erziehung

FOTO: ARCHIV HAND IN HAND

In den „Hand in Hand-Schulen“ *sind Israelis und Araber nicht zu unterscheiden.*

לוחמי הגטאות
Lohame-HaGeta'ot
לוחמי הגטאות
Lohame-HaGeta'ot

Der Kibbuz der Ghettokämpfer liegt
im westlichen Galiläa –

Beth Lohamei Haghetaot

Die Gründer
sind Überlebende der Shoa.

1949 wurde der Kibbuz gegründet. Gleichzeitig wurde ein Gedenk- und Dokumentationszentrum zu Ehren der Widerstandskämpfer und zum ewigen Angedenken an die Opfer des Holocausts eingerichtet.

9am - 4pm
Closed
Ghetto Fighters' Museum Closed
Yad Layeled Open 10am - 5pm

NIS 20 (Sun-Thurs) / NIS 10 (Sat)
NIS 18 (Sun-Thurs) / NIS 8 (Sat)
Free Admission

Sarah Shner mit Havka Folman Raban
im Study-Center

Haus von Havka Folman Raban/Israel

Mein Name ist Havka. Ich wurde im April 1924 in Kielce in Polen geboren. Als ich ein Jahr alt war, zog meine Familie nach Warschau.

MASSEL

Ich bin der Überzeugung,
dass jene, die überlebten,
eine Minderheit, eine Ausnahme waren.
Sie überlebten, weil sie Glück hatten:
Massel!

Während der Zeit des Warschauer Ghettos war ich Kurierin. Ich begann diese Arbeit mit knapp siebzehn Jahren, als "arische" Polin, unter dem Namen Emma Marciniak. Ich war ständig auf "Reisen" zu der Außenwelt und zu anderen Ghettos im besetzten Polen.

Es ist heute kaum vorstellbar, was es bedeutete, mit gefälschten Papieren, Untergrundzeitungen, Waffen und Geld, tage- und nächtelang in der Bahn, ständigen Kontrollen ausgesetzt zu sein.

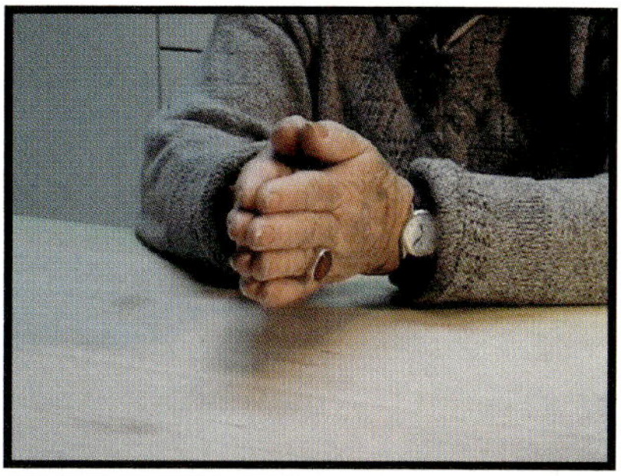

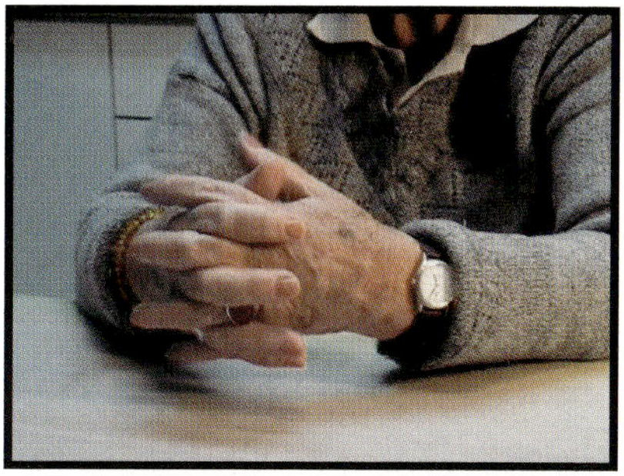

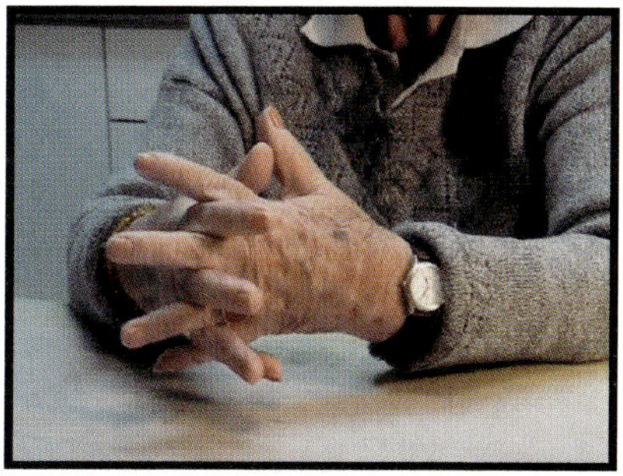

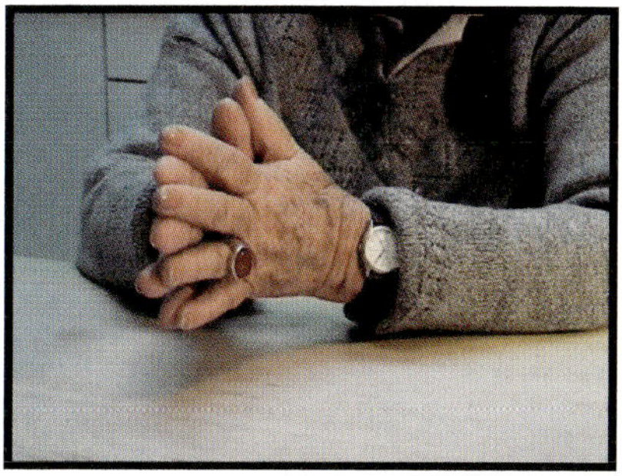

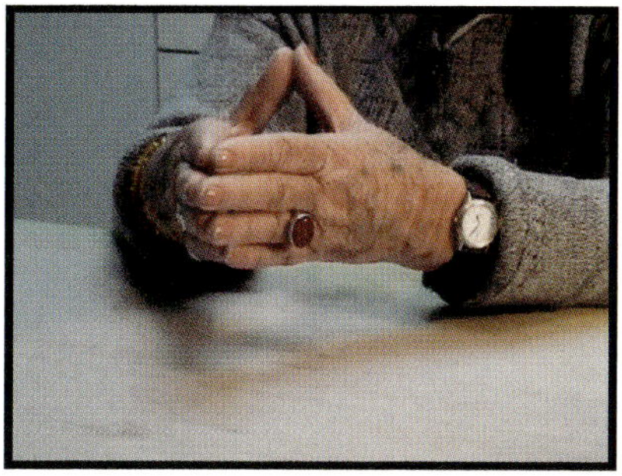

Einmal wurde ich zusammen mit Frumka nach Hrubieszòw geschickt. Wir fuhren, um die Freunde zu treffen, aber auch um sie auf die Zeit vorzubereiten, wenn die Verbindung zwischen ihnen und der Warschauer Zentrale zusammenbrechen würde.

Wir saßen im Zug. Ich blickte zu Frumka. Ihr Gesicht war entspannt, eine wunderbare Ruhe ging von ihr aus. Sie war in ein modisches Kostüm gekleidet und trug etwas Make-up, einen leichten Schatten von Lippenstift. Sie hatte unsere Bitte akzeptiert, sich so zu kleiden, weil sie merkte, dass Rouge sie attraktiver machte. Obwohl ihr "arisches" Aussehen nicht ganz perfekt war, übernahm sie oft Aufträge.

Ihre innere Ruhe gab ihr das Selbstvertrauen und die Selbstsicherheit, so dass sie keinen Verdacht erregen würde.

Die Bahnstrecke von Warschau nach Hrubieszòw war sehr gefährlich. An den Umsteige-Bahnhöfen, besonders an dem von Malkinia, gab es Wartezeiten von acht bis zehn Stunden zwischen zwei Zügen.
Die Reisedokumente wurden streng kontrolliert.

Man musste die gefälschten Dokumente in einer gelassenen Haltung vorzeigen und das schnelle Schlagen des Herzens besiegen, denn eine kleine Verwirrung konnte mit einer Katastrophe enden. Wenn der Polizist lange Zeit brauchte, um die Unterschrift und Stempel zu prüfen, wurden meine Nerven bis an die Grenze belastet. Jedoch zwang ich mich, normal zu bleiben. Ich glaube, dass in solchen Augenblicken einiges im Inneren geschieht.

Wir setzten unsere Reise fort und näherten uns der Station Hrubieszòw. Aus dem Fenster konnten wir eine ungewöhnliche Aktivität beobachten.

Menschenmassen waren auf dem Bahnsteig versammelt. Wir bemerkten nichts Verdächtiges und stiegen als Einzige aus dem Zug. Wir versuchten herauszufinden, warum Tausende hier versammelt waren. Plötzlich wurde uns klar:

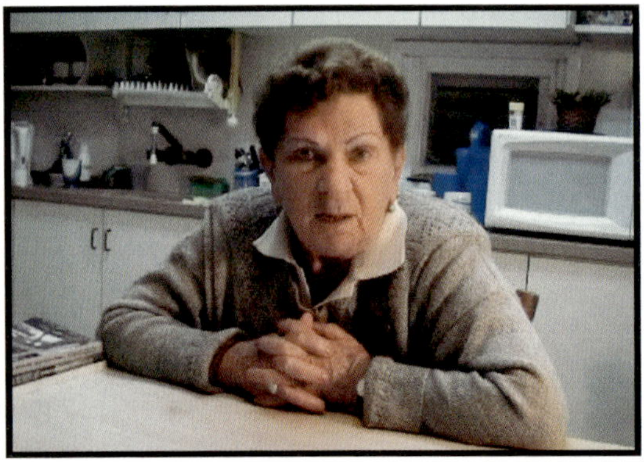

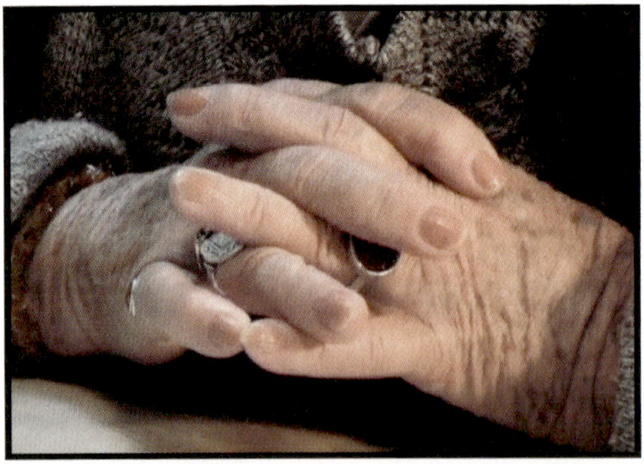

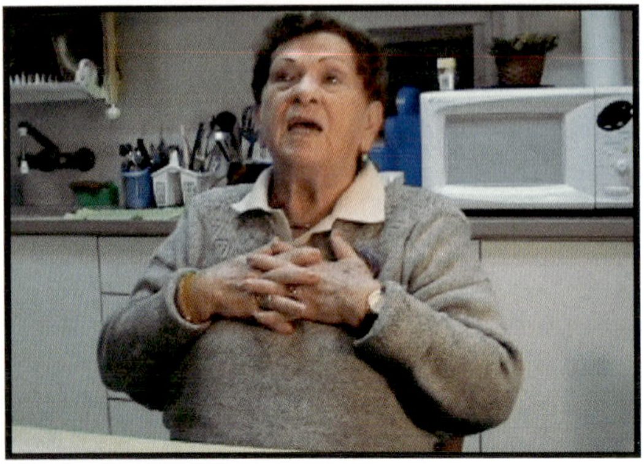

Es waren alles Juden.

Männer, Frauen, Alte und Kinder wurden zwischen Bündeln, Gepäck und Bettzeug zusammengetrieben. Die Luft war durchdrungen von Wehgeschrei; Jammern erfüllte den Bahnhof, über allem das laute Geschrei der Deutschen.

Vier gewaltige, rotgesichtige Deutsche, die Ärmel ihrer Uniformjacken aufgekrempelt und mit Peitschen in ihren Händen, gallopierten auf dem Bahnsteig hin und her und trampelten jeden nieder, der ihren Pferden im Wege war. Ich beobachtete, wie sie Mütter, die ihre Kinder in den Armen hielten, absichtlich schlugen. Es war ein klarer Tag, die Sonne schien.

Ich sah in Frumkas Gesicht, sie war ganz blass geworden. Ohne ein Wort zu sagen, verstanden wir was geschah. Augenblicklich entschlossen wir uns, dort zu bleiben – vielleicht würden wir einige unserer Freunde treffen. Wir kehrten um und gingen in den Warteraum des Bahnhofs. Es waren keine anderen Reisenden dort. Die polnischen Bewohner der Stadt unterließen es, an diesem Tag ihre Wohnungen zu verlassen. Ich bat Frumka, sich zu setzen, damit sie nicht sehen konnte, was draußen geschah.

Sie saß reglos da und starrte vor sich hin, während ich am Fenster stand. Ich konnte nicht anders, ich musste beobachten, was da vor sich ging.

Ein großer, dicker Deutscher führte vier junge Männer, in lange schwarze Kaftane gekleidet.
Ich sah ihre Augen, ihre Verwirrung.

Sie verstanden nicht, was mit ihnen geschah. Man gab ihnen Schaufeln, die einige Meter vom Fenster entfernt standen, und man befahl ihnen, mit dem Graben zu beginnen.

Die Deutschen forderten:

"Schneller, schneller!"

Sie schlugen sie mit den Peitschen und traten sie. Nach einer Weile wurden die vier Männern von Gewehrkugeln durchlöchert.

Die Mörder ergriffen andere Juden und befahlen ihnen, die ermordeten Körper mit Erde zu bedecken.

Sie schlugen sie mit der Peitsche, während sie arbeiteten. Die Mörder wendeten sich den Menschenmassen zu. Plötzlich gab es dort den schrecklichen Aufschrei einer angsterfüllten Frau – und ein Schuss war zu hören. Ich sah die Frau fallen, ein Baby, noch lebend, fiel aus ihren Armen. Die Frau hatte wohl versucht, das Kind über den Zaun zu werfen, um es zu retten. Innerhalb eines Augenblickes zertrampelten die Pferdehufe das Kind. In diesem Augenblick überzog ein mächtiges Schweigen den Platz. Tausende waren plötzlich still.

Mir wurde schwindlig, meine Augen füllten sich mit Tränen. Ich griff nach der Fensterbank. Mehr als alles fürchtete ich, Frumka würde kommen und hinaussehen. Jemand betrat den Warteraum. Ich erzwang ein Lächeln, drehte mich zu Frumka und sagte:

"Wir sollten von hier fortgehen."

An diesem sonnendurchtränkten Morgen gingen wir in Richtung Stadt. Unser Freund Aaron Frumer lebte in der Nähe. Dicht beim Haus war niemand. Frumka blieb an der Treppe stehen.
Ich ging in die erste Etage.
Hier kannte ich jede Ecke.

Ich bemerkte eine offene Tür und dahinter auf dem Flur verstreutes Bettzeug, Unordnung. Die Wohnung war leer, kein lebendes Wesen.
Ich ging nach unten. Frumka sah nur in meine Augen und verstand alles.
Wohin sollten wir uns wenden?

Gruppen junger Polen gingen durch die Stadt. Ihnen folgten zwei Deutsche, die Äxte trugen. Die Jugendlichen führten sie zu Häusern, in denen noch Juden versteckt waren.

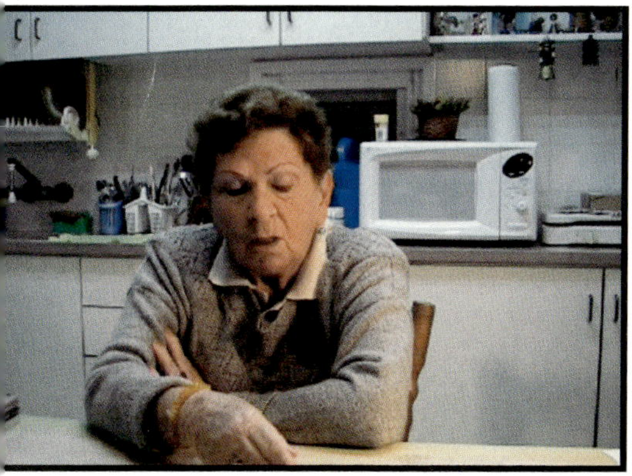

1942,
am 22. Dezember, wurde Havka in Krakau verhaftet. Wegen iher gefälschten Dokumente galt sie nicht als Jüdin, sondern als "polnische Banditin".

Sie kam am 27. Januar 1943 nach Auschwitz-Birkenau.

Im Jahr 1979 wurde das Konzentrationslager Auschwitz-Birkenau von der UNESCO in die internationale

LISTE DER WELTKULTURERBE

aufgenommen.

Zyklon B

Das Zyklon B produzierte die Firma "Degesch", die aus dem Verkauf dieses Gases in der Zeit von 1941 bis 1944 fast 300 000 Mark einnahm. In Auschwitz allein verbrauchte man während der Jahre 1942 bis 1943 ungefähr 20 000 kg Zyklon B. Nach den Worten des Kommandanten Höß brauchte man zum Töten von ungefähr 1500 Menschen 5 bis 7 kg des Gases.

Im Januar 1945 führte sie der Todesmarsch ins Frauenkonzentrat

Insgesamt waren 132 000 Frauen in Ravensbrück inhaftiert. 40000 von ihnen, also ca. 30% waren Polinnen, darunter 12000 Frauen und Kinder, die aus dem aufständischen Warschau ins Lager gebracht wurden. Darunter waren 800 Schwangere. Nur ungefähr 8000 Polinnen erlebten ihre Befreiung im Lager Ravensbrück.

Es war Januar - viele starben auf dem Weg.

ager Ravensbrück.

Krankenbaracken mit Diensträumen der SS-Lagerärzte, Behandlungs

n und Patientenzimmern

Zellentrakt

„DIE VERNICHTUNG POLENS – DAS IST DAS
NÄCHSTE ZIEL ...
ICH HABE MEINE TOTENKOPFSTANDARTE NACH
OSTEN GESANDT MIT DEM BEFEHL, GNADENLOS
UND OHNE IRGENDWELCHES MITLEID MÄNNER,
FRAUEN UND KINDER POLNISCHER ABSTAMMUN
UND SPRACHE ZU TÖTEN... SEID BRUTAL.
WIRKT MIT GRÖSSTER GRAUSAMKEIT...“
(Adolf Hitler in einer Rede
vor höheren Wehrmachtsoffizieren
am 22 August 1939 auf dem
Obersalzberg).

Ich wurde zur Arbeit geschickt, um einen Holzzaun zu bauen. Meine Aufgabe war es, Nägel einzuschlagen. Wegen des ständigen Hungers wurde ich zunehmend schwächer. Meine Kräfte nahmen ab. Es gab ein lästiges Geräusch in meinen Ohren, das mich wahnsinnig machte. Wenn du hungrig bist, nützt es auch nichts, wenn du nur etwas zu essen hast: Hunger ist eine Qual. Obwohl schon im Ghetto und am Rande des Hungers - was ich hier erlebte, war ganz schrecklich. Wir saßen sprachlos, flüsterten und spielten: "Was würdest du essen, wenn...?" Mein Traum war, Schwarzbrot zu essen, bestrichen mit Butter und Rahmkäse, und eine Tasse Kaffee zu trinken.

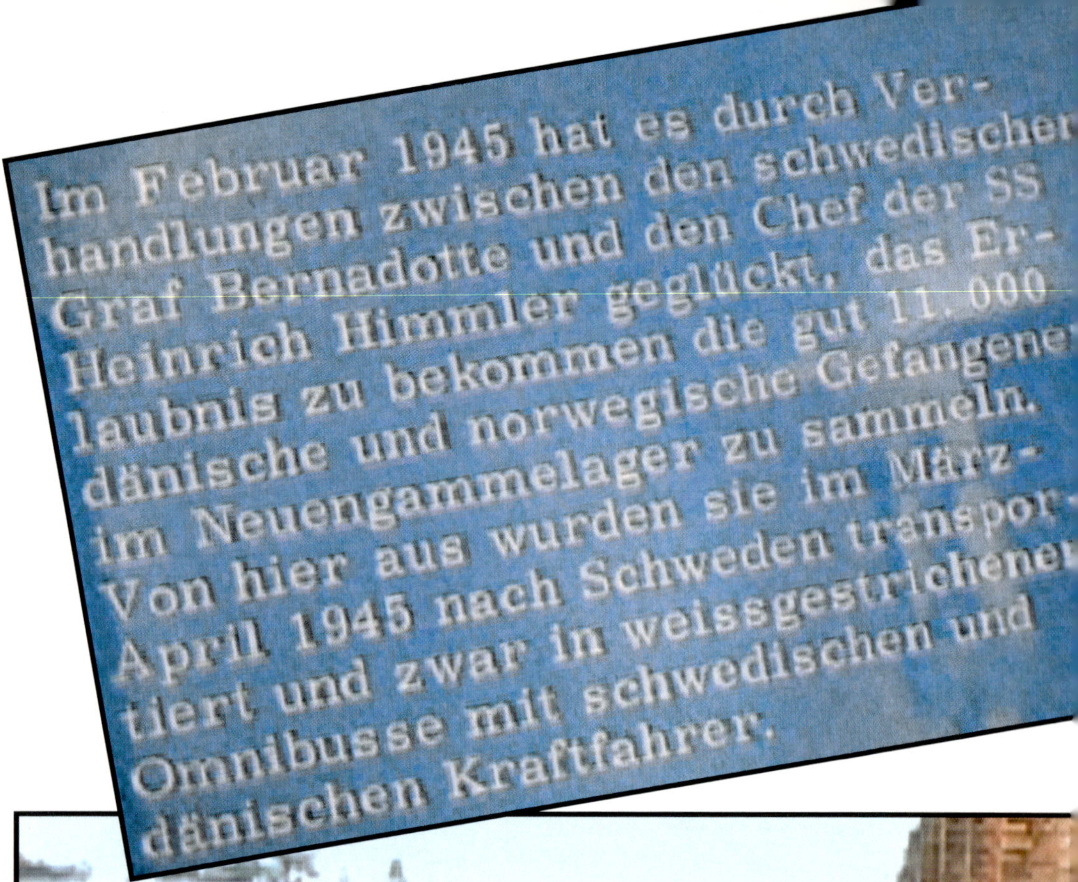

Rosenbeet: Massengrab verstorbener und ermordeter Häftlinge mit

Ende April 1945 gehörte sie zu der Gruppe von Frauen, die durch Verhandlungen des schwedischen Grafen Bernadotte mit der SS aus dem Konzentrationslager befreit wurden. In einem Zug des Roten Kreuz fuhren sie durch Deutschland gen Schweden.

nksteinen für die jüdischen Opfer sowie die der Sinti und Roma

"In stürmischen Tagen setzte ich meinen Fuß auf die Erde von Erez Israel, einige Wochen vor der schicksalsschweren Entscheidung der Vereinten Nationen vom 29. November 1947."

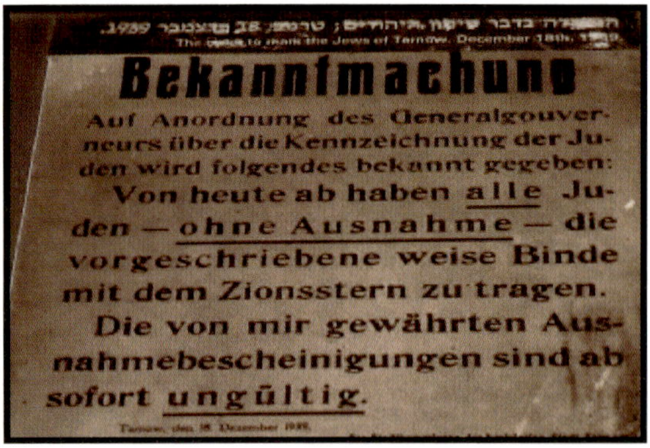

Bekanntmachung

Auf Anordnung des Generalgouverneurs über die Kennzeichnung der Juden wird folgendes bekannt gegeben:
Von heute ab haben alle Juden — ohne Ausnahme — die vorgeschriebene weise Binde mit dem Zionsstern zu tragen.
Die von mir gewährten Ausnahmebescheinigungen sind ab sofort ungültig.

Museum in Lohamei Haghetaot

Am 15. Mai 1948 erlosch das britische Mandat über Palästina; am gleichen Tag rief der Jüdische Nationalrat den unabhängigen jüdischen Staat aus.

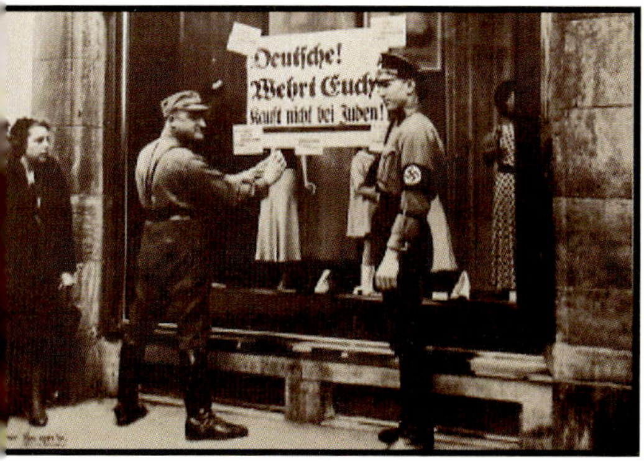

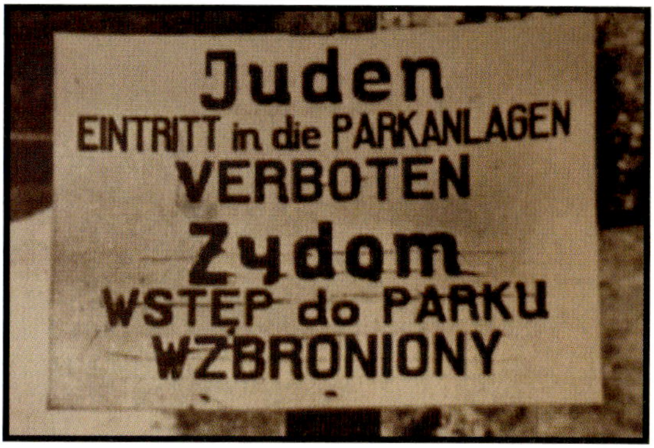

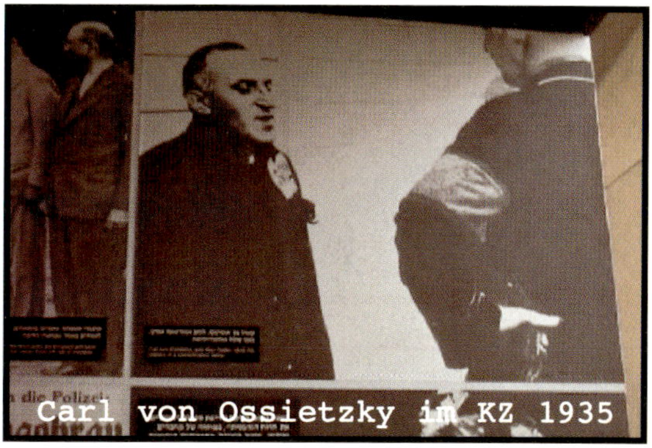
Carl von Ossietzky im KZ 1935

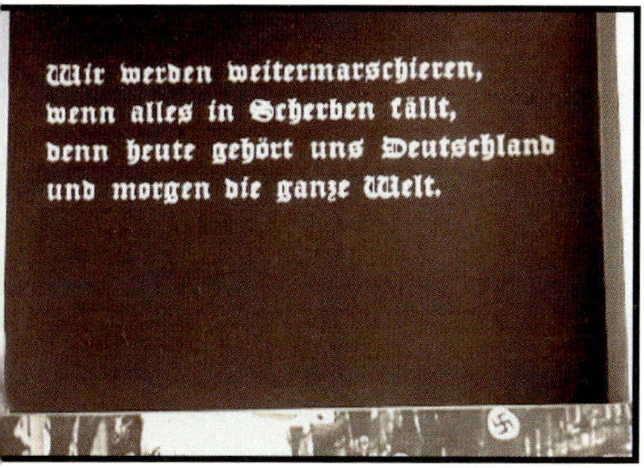

Am sechsten Jahrestag des Warschauer Ghetto-Aufstandes (18. April bis 16. Mai 1943) fand in West-Galiläa die Grundsteinlegung für den Kibbuz der Ghettokämpfer statt.

בית לוחמי הגיטאות
Beit Lohamei Haghetaot
קפיטריה - מסעדה
בית לוחמי הגטאות
למורשים בלבד!
השמע להוראות
השומר

Havka lebt dort heute noch.

Hanukkafeier mit Familien

Ester Golan, geboren 1923

Ich stamme aus Glogau in Schlesien. Meine Eltern sind von dort 1937 nach Berlin weggegangen, weil jüdische Männer nicht mehr arbeiten durften. Jüdische Frauen über 45 durften in jüdischen Haushalten helfen. Meine Mutter bekam eine Anstellung in Berlin.

Mein Bruder ging damals mit der ***Jugend-Alija*** nach Palästina, mein Onkel ging nach Portugal und ließ dann meine Großmutter nachkommen. Jeder, der ein Land gefunden hatte, das bereit war, ihn aufzunehmen, ist ausgewandert.

Die Jugend-Alija (Alijah bedeutet Aufstieg) ist eine Organisation der zionistischen Bewegung, die 1932 von Recha Freier, einer Schulfreundin meiner Mutter, gegründet wurde, um jüdische Kinder und Jugendliche vor Not und Verfolgung zu retten und ihnen Schutz und Ausbildung in Palästina zu gewähren. Sie begann ihre Aktivitäten in Deutschland unmittelbar vor der Machtergreifung der Nazis und rettete viele Kinder, die ihr Elternhaus verlassen mussten.

Meine Mutter versuchte alles, um mir eine Auswanderungsmöglichkeit zu verschaffen. Sie wollte mich nach Amerika schicken, ich war damals elf Jahre alt. Da haben sie das Photo von mir zurückgeschickt: "So ein hässliches Mädchen, wer will denn das adoptieren!?" Ich hatte zwei kleine Zöpfchen und sah nicht gerade aus wie Shirley Temple.

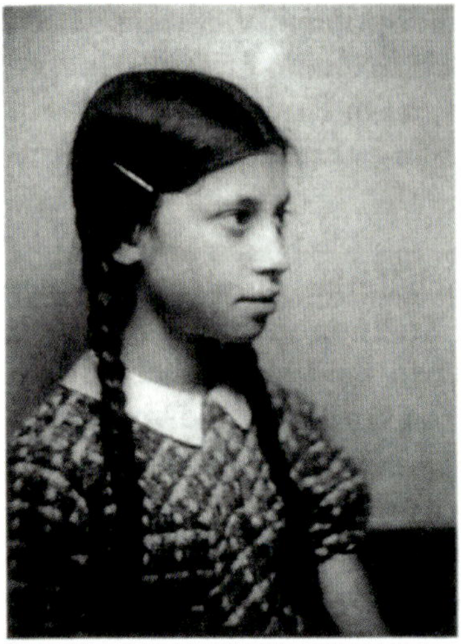

Dieses Foto (links) schickten meine Eltern nach Amerika, um mich einer amerikanischen Familie zur Adoption anzubieten. Das Bild daneben entstand, nachdem ich mit der Bemerkung abgelehnt worden war, daß man von niemandem verlangen könne, ein so häßliches Kind zu adoptieren.

Sie sehen doch entzückend aus hier auf dem Photo!

Das war aber nicht der Geschmack der Amerikaner. Es war nicht sehr einfach für uns, weder für die Mutti noch für mich.

Bei der **Jugend-Alija** bin ich auch abgelehnt worden, weil ich Untergewicht hatte.

Nach dem Novemberpogrom, der Nacht vom 9. auf den 10. November 1938, der sogenannten Kristallnacht, mit der die Nationalsozialisten unter gänzlichem Verzicht auf rechtsförmige Begründungen eine neue Stufe der Judenverfolgung betraten, wollte eine Holländerin, Frau Trudi Weismüller, den Juden helfen. Sie fuhr zu Adolf Eichmann nach Wien,

↑ Berlin-Tiergarten, 10. November 1938:
In der Potsdamer Straße beseitigen jüdische Geschäftsinhaber die Spuren der Pogromnacht.

der für die Beschleunigung der Ausreise von Juden zuständig war.
Sie sagte ihm, dass sie jüdischen Kindern helfen möchte.
Der fragte: "Bist Du Jüdin?" Sie antwortete: "Nein, ich bin Christin." Eichmann sagte: "Zieh deine Handschuhe aus, damit wir sehen, ob du jüdisch bist." Man dachte damals, man kann sehen, ob einer Jude ist – an der Nase, den Ohren, den Augen und den Händen.
Dann einigten sie sich darauf, dass sie 600 Kinder aus Wien herausführen durfte.

Dann war das große Problem: Wohin mit den Kindern?

Nach Palästina wollten sie sie nicht reinlassen. Die Einwanderungsquote war schon erfüllt.

Amerika sagte: **"Nein, nein, das Boot ist voll!"**

Und zum Schluss lag ein großer Druck auf England, wo dann Möglichkeiten gefunden wurden, die Kinder unterzubringen.

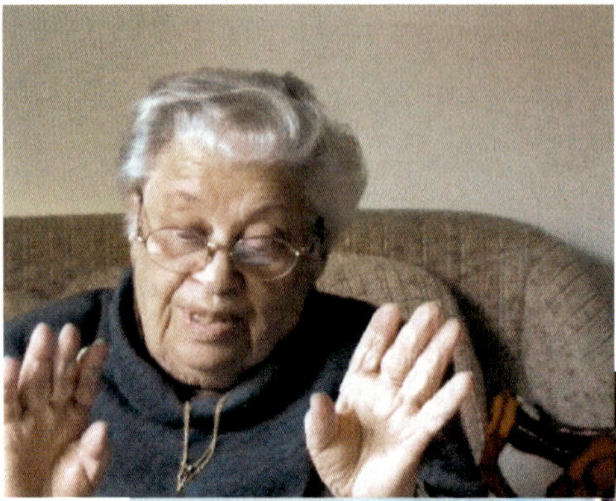

Dies war der Beginn der Kindertransporte, die von Dezember 1938 bis Kriegsausbruch 10 000 Kindern aus Deutschland, der Tschechei und Österreich eine Zuflucht in Großbritannien verschafften.

"Jerusalem Post" 2.Dezember 198

Am 25. März 1939 trat ich die Reise nach England an. Ich kam nach Schottland auf den Landsitz Whittingehame House von Lord Balfour.

Whittingehame House im County East Lothian an Schottland. In diesem ehemaligen Landsitz von Lord Balfour waren zeitweise bis zu 180 jüdische Kinder und Jugendliche untergebracht.

Dort erhielt ich eine zweijährige Ausbildung in Landwirtschaft und Gartenbau, um anschließend nach Palästina oder in ein anderes britisches Überseegebiet auswandern zu können. Ich wanderte im Juni 1945 nach Palästina aus. **Für mich war das einer der glücklichsten Momente meines Lebens!**

In der “Knesset” 2001

Jahrelang hoffte ich auf ein Lebenszeichen meiner Mutter, die mit meinem Vater 1942 von Berlin in das Konzentrationslager Theresienstadt gebracht worden war.

Ich wusste, dass mein
Vater dort 1943 gestorben war,
aber von meiner Mutter
wusste ich nichts.

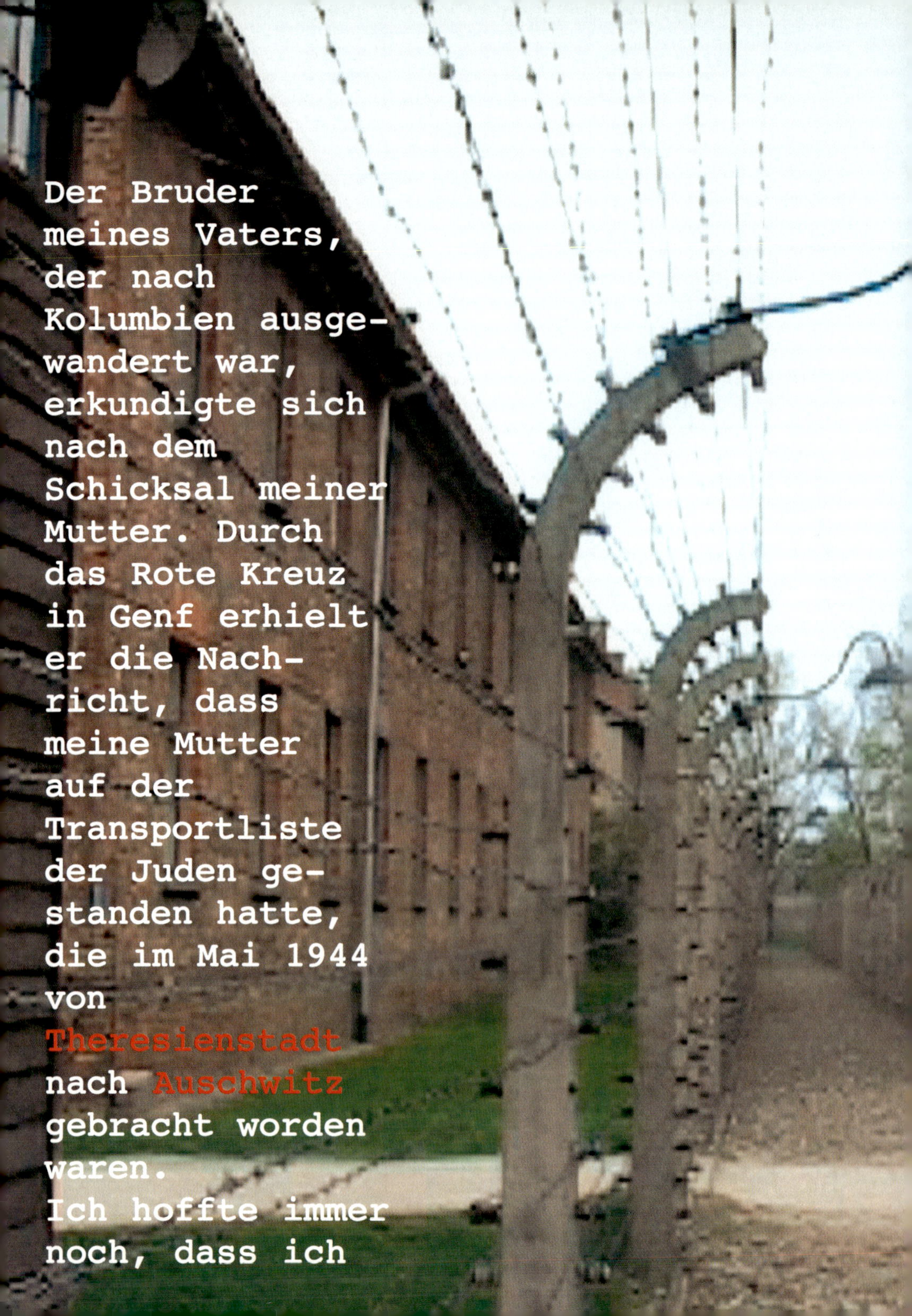

Der Bruder meines Vaters, der nach Kolumbien ausgewandert war, erkundigte sich nach dem Schicksal meiner Mutter. Durch das Rote Kreuz in Genf erhielt er die Nachricht, dass meine Mutter auf der Transportliste der Juden gestanden hatte, die im Mai 1944 von Theresienstadt nach Auschwitz gebracht worden waren.
Ich hoffte immer noch, dass ich

meine Mutter eines Tages wiedersehen würde. Dann erfuhr ich, dass von dem Transport, in dem meine Mutter nach Auschwitz geschickt wurde, niemand überlebt hatte. Auf dem Transport waren fast ausschließlich ältere Frauen und Männer. Nur jüngere Menschen hatten die Chance gehabt, Arbeitslagern zugeteilt zu werden und so die Zeit bis zum Kriegsende zu überstehen.

Im Archiv des Kibbuz Givat-Chaim, der von Überlebenden des KZs Theresienstadt gegründet worden war, fand ich die Dokumente meiner Eltern, woraus hervorging, dass meine Mutter am 16. Mai 1944 in Auschwitz umgekommen ist.

Das Jahr 1989 war ein besonderes Jahr: Fünfzig Jahre Whittingehame, fünfzig Jahre Kindertransport. Aber für mich bedeutete es: Fünfzig Jahre, seitdem ich meine Eltern zum letzten Mal gesehen hatte. Nun waren sie schon lange tot, **aber die Trauer um sie will mich nicht verlassen.**

Ich fuhr mit einem meiner Söhne nach Auschwitz. Wir schritten mit einer Gruppe, den Kopf gesenkt, doch die israelische Fahne hochhaltend, durch das Tor mit der Aufschrift: "Arbeit macht frei." In der Gedächtnishalle sagten wir zum ersten Mal das Kaddisch, das Gebet für Verstorbene.

Ich legte einige Zweige und eine Handvoll Erde aus meinem Garten auf den Gedenkstein. Es ist ein uralter Brauch, dem Verstorbenen Erde aus dem Heiligen Land mit in das Grab zu geben. Aber ein Grab war meiner Mutter nicht vergönnt.

75 neue Stolpersteine

Zum Gedenken an Opfer nationalsozialistischer Gewalt sollen am Freitag und Sonnabend in Berlin 75 weitere „Stolpersteine" verlegt werden. Die Platten mit Namen und Lebensdaten von Verfolgten des Naziregimes werden in acht der zwölf Berliner Bezirke auf Gehwegen eingelassen, sagte der Kölner Künstler und Initiator des bundesweiten Projektes, Gunter Demnig, am Dienstag. Damit erinnern in Berlin insgesamt fast 1.000 „Stolpersteine" an die Deportation und Ermordung ehemaliger Nachbarn und Mitbewohner. Die 95 Euro teuren Platten werden als Oberseite eines Würfels aus Beton in das Pflasterwerk vor den letzten bekannten Wohnungsadressen von Verfolgten des Naziregimes eingebracht. Die Patenschaften dafür werden meist von Bürgerinitiativen übernommen. Bisher gibt es laut Demnig in fast 100 deutschen Kommunen über 5.500 „Stolpersteine". EPD

TAZ BERLIN MITTWOCH, 27. JULI 2005

Ein Bekannter produziert die Stolpersteine zur Erinnerung an die ermordeten Juden. Vor den ehemaligen Wohnhäusern werden sie in die Straße eingemauert. Meine Eltern wohnten in der Courbierstraße 16, jedoch wurde das Haus im Krieg zerstört.

HIER WOHNTE
ARON
DOBKOWSKY
JG. 1886
DEPORTIERT 1942
TOT 10.2.1943 IN
THERESIENSTADT
HIER WOHNTE
ELSBETH
DOBKOWSKY
GEB. OPPENHEIM
JG. 1892
THERESIENSTADT
ERMORDET IN
AUSCHWITZ
HIER

Barbara Góra

141

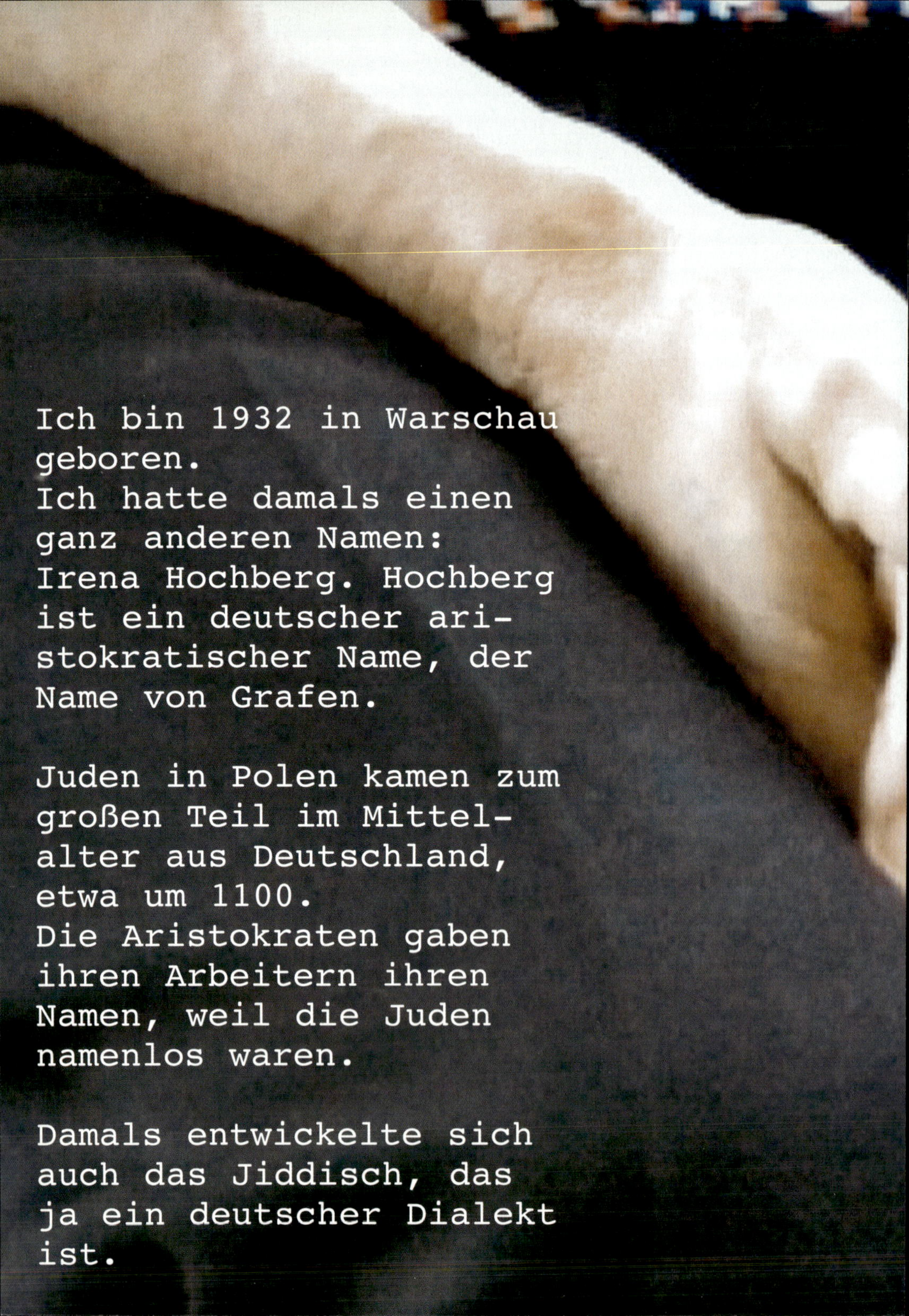

Ich bin 1932 in Warschau geboren.
Ich hatte damals einen ganz anderen Namen: Irena Hochberg. Hochberg ist ein deutscher aristokratischer Name, der Name von Grafen.

Juden in Polen kamen zum großen Teil im Mittelalter aus Deutschland, etwa um 1100.
Die Aristokraten gaben ihren Arbeitern ihren Namen, weil die Juden namenlos waren.

Damals entwickelte sich auch das Jiddisch, das ja ein deutscher Dialekt ist.

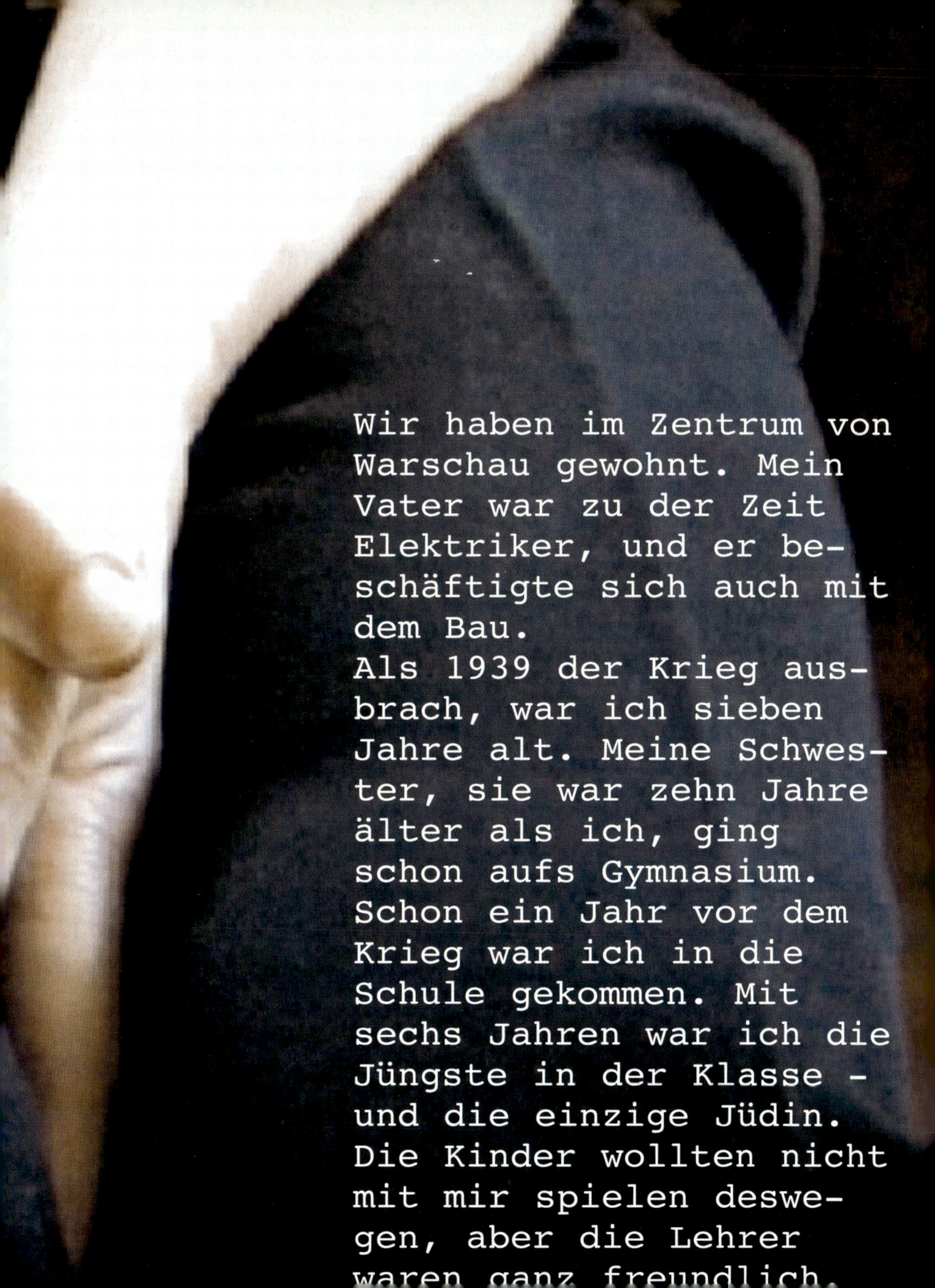

Wir haben im Zentrum von Warschau gewohnt. Mein Vater war zu der Zeit Elektriker, und er beschäftigte sich auch mit dem Bau.
Als 1939 der Krieg ausbrach, war ich sieben Jahre alt. Meine Schwester, sie war zehn Jahre älter als ich, ging schon aufs Gymnasium. Schon ein Jahr vor dem Krieg war ich in die Schule gekommen. Mit sechs Jahren war ich die Jüngste in der Klasse - und die einzige Jüdin. Die Kinder wollten nicht mit mir spielen deswegen, aber die Lehrer waren ganz freundlich.

Am allgemeinen Religionsunterricht nahm ich nicht teil, weil der für die Katholiken bestimmt war. Ich hielt mich in der Zeit des Unterrichts auf dem Flur auf, da hatte ich eben eine zusätzliche Pause.
Wir waren nicht religiös zu Hause. Meine Mutter kam zwar aus einer Gegend, in der Religion eine große Rolle gespielt hat: Ihr Vater war Rabbiner – Aber nachdem sie meinen Vater getroffen hatte, war Religion nicht mehr so wichtig für sie. Mein Vater war Kommunist, und ich bin ohne Religion erzogen worden.

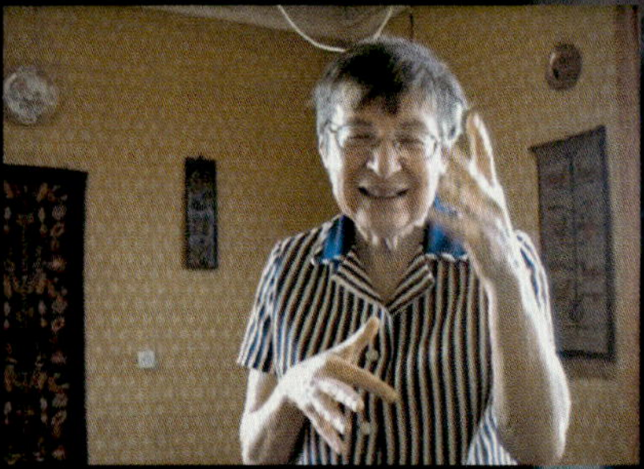

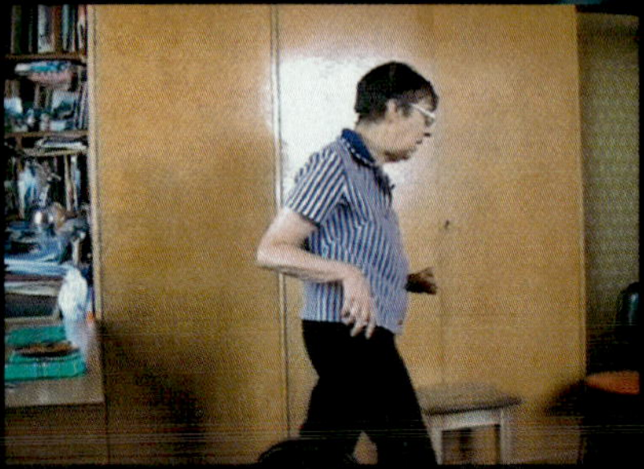

Am 1. September 1939 wurde mein Vater eingezogen.

Als die Deutschen Warschau bombardierten, war ich mit meiner Mutter und Schwester gerade im Keller. Unser Haus wurde schwer zerbombt, aber zum Glück nicht bis zum Keller. Wir haben überlebt.

Mein Vater wurde von den Deutschen an der Front gefangen genommen und nach Warschau gebracht. Ein Freund hatte uns gebeten, seine Zivilkleider einzupacken. Mein Vater floh durch ein Loch in der Gefängnismauer und kam am 19. Oktober 1939 nach Hause.

Er war nur einen Monat im Krieg gewesen.

Wir haben zu der Zeit immer noch im Zentrum von Warschau gewohnt.

Der Vater Hochberg
geb. 1900, gest. 1993

Dann begannen die Deutschen, das Ghetto einzurichten. Unser Haus stand mitten im Ghetto in der Pawia Straße. Direkt vor dem Gefängnis. Zum Glück wohnten wir nach hinten raus.

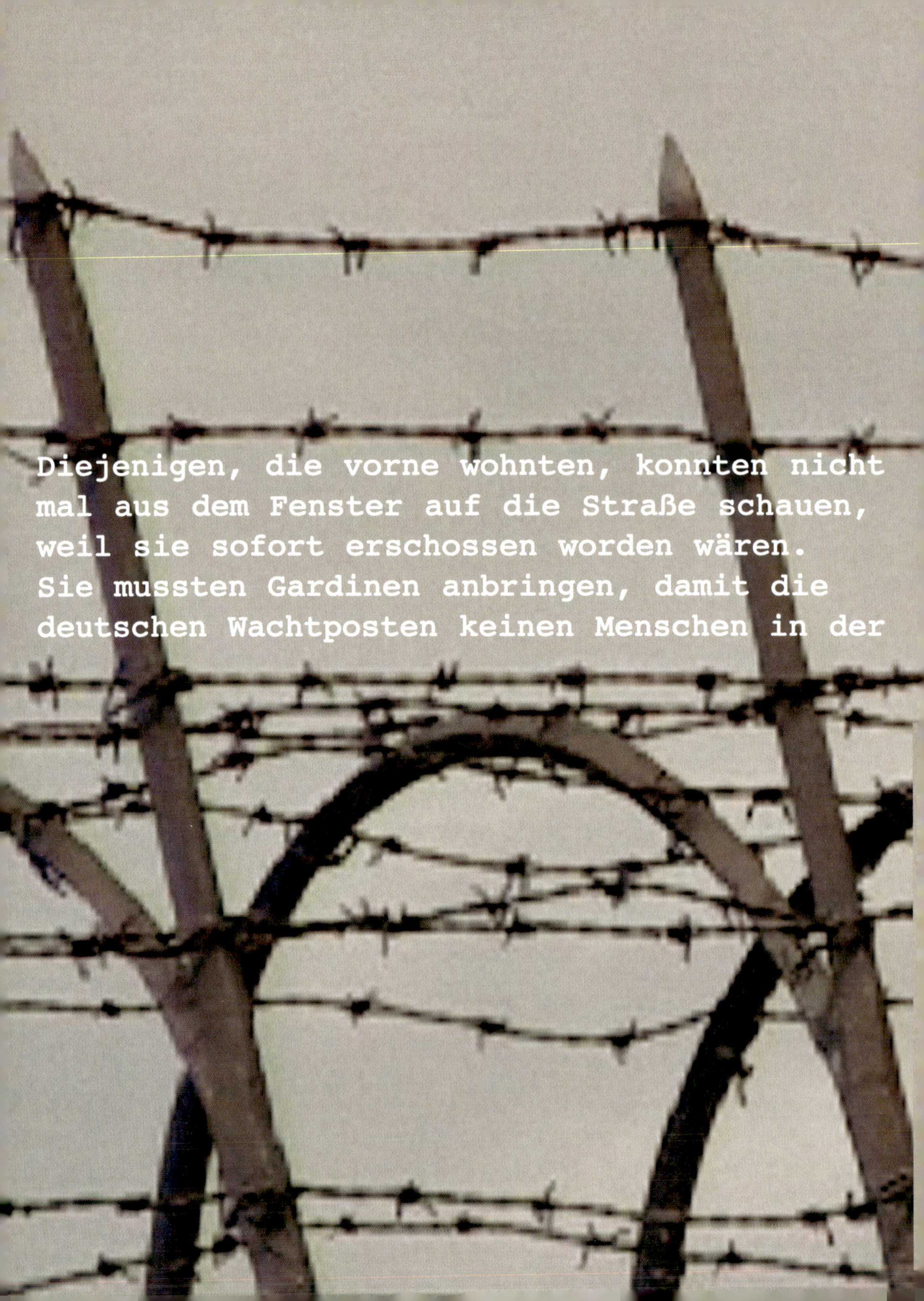

Diejenigen, die vorne wohnten, konnten nicht mal aus dem Fenster auf die Straße schauen, weil sie sofort erschossen worden wären. Sie mussten Gardinen anbringen, damit die deutschen Wachtposten keinen Menschen in der

Wohnung sahen. Wir hörten oft die Schüsse.
Am 15. November 1940 haben die Deutschen das Ghetto abgeriegelt.
Wir sind in dem Haus innerhalb des Ghettos geblieben.

PAWIAK GEFÄNGNIS

Zur Schule bin ich natürlich nicht mehr gegangen. Meine Mutter hat mich unterrichtet.

Ich wollte keine Aufsätze schreiben, weil ich Angst hatte, vor ihr meine Gedanken zu äußern. Sie hat mich in allem unterrichtet, auch in Mathematik. Einige Wochen lang kam zusätzlich ein Fräulein, das mir Französisch beibrachte.

Der Unterricht meiner Mutter war anstrengend. Ich war sehr erschöpft, vor allem weil es so wenig zu essen gab.
Meine Schwester hatte es noch geschafft, das Abitur zu bestehen in der illegalen Schule,

kurz vor der Abriegelung des Ghettos 1940. Sie hat dann im Ghetto gearbeitet, zuerst in einem Labor, danach als Volontärin in dem Kinderheim von Janusz Korczak. Ich war zweimal dort zu Theatervorstellungen, wo ich Janusz Korczak auch persönlich begegnet bin.
Mein Vater hat mehrmals illegalerweise die Wäsche vom Waisenhaus zum Waschen in die Wäscherei in unserem Haus gebracht. Es war unser großes Glück, dass sich in unserem Haus unten eine Wäscherei mit chemischer Reinigung befand. Sie gehörte damals schon zu den Deutschen.

WAISENHAUS

Neben dem Eingangstor stand immer ein Wachsoldat. Einmal kam Korczak in unser Haus, und er schenkte mir ein Buch, das er geschrieben hatte. Das Buch musste ich dann leider im Ghetto zurücklassen.

Am Anfang war es nicht so schlimm in dem Ghetto. Es gab eine Zeitung für Kinder, die ich lesen konnte, und ich habe an einem Tanzunterricht teilgenommen. Eines Tages, als ich die Straße hinabging, ich hatte mein Frühstücksbrot dabei, kam ein Junge und riss mir das Brot aus den Händen. Weil er so hungrig war. Man sah seinen Hunger in den Augen.

Da war ich zum ersten Mal geschockt!

Später sah man Tot
die vor Hunger
Sie waren mit Z
Es wurde alles

auf den Straßen,
storben waren.
ungen bedeckt.
mer schlimmer!

Dank meinem Vater hatten wir immer etwas zu essen. Es war nichts Besonderes, Obst oder Fleisch gab es nicht. Aber wir hatten etwas zum Kauen: Brot, Kartoffeln, Gurken. Er hat das Essen durch die Ghettomauer geschmuggelt. Mein Vater war ein sehr mutiger und energischer Mann. Er hatte viele Kontakte und viele Freunde, was sehr hilfreich war. Ich hatte mich an unsere Lage gewöhnt: **Der Mensch kann sich an vieles gewöhnen!**

Mein Vater sorgte sehr gut für uns – auch als es eine Typhus-Epidemie gab.
Wir mussten, wenn wir nach Hause kamen, unsere Hände, die ganze Haut und die Kleider absuchen nach Läusen. Und wenn mein Vater eine Laus gefunden hatte, verbrannte er sie sofort. Niemand in unserem Haus erkrankte.
Wir haben alle Polnisch gesprochen und nicht Jiddisch. Ich bin auc nie in die Synagoge gegangen.
Mein Vater lernte Jiddisch, um mit meiner Oma sprechen zu können, nachdem er meine Mutter geheiratet hatte.
Meine Oma hielt ihre Haare mit einem Kopftuch bedeckt oder mit

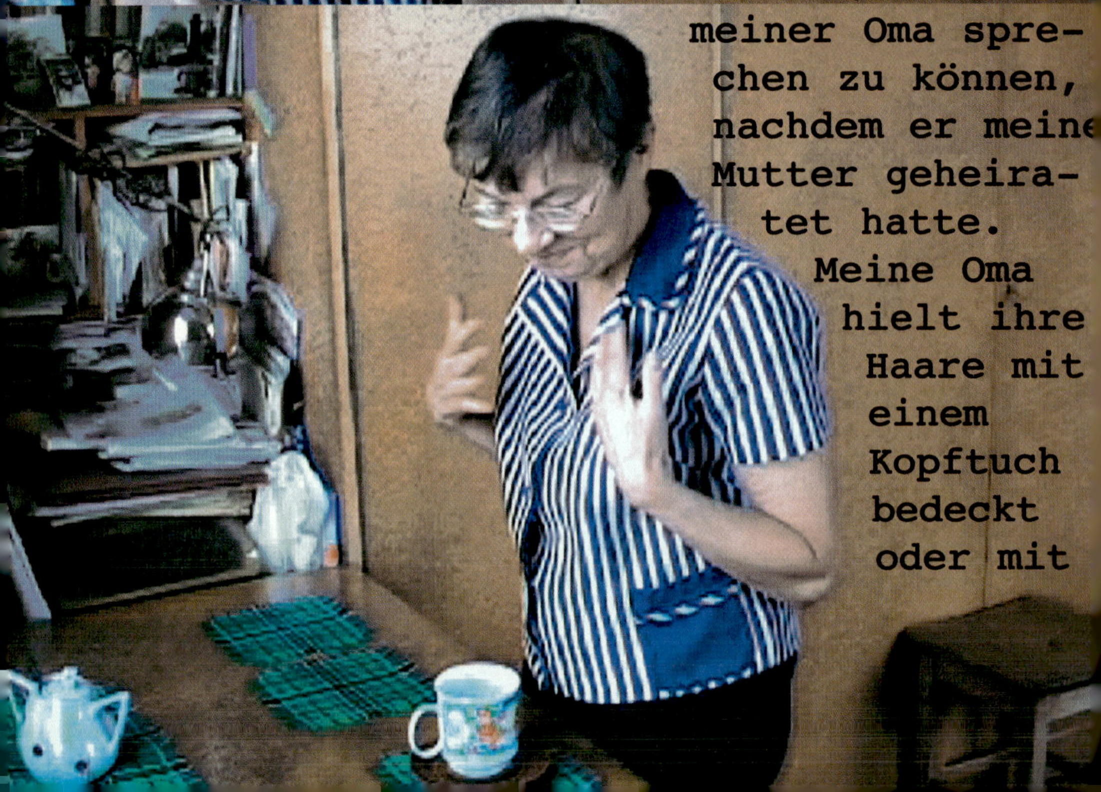

einer Perücke. Meine Mutter aber zeigte ihre natürlichen Haare. Sie stritt sich ständig mit meiner Oma, deshalb wollte sie sie nicht besuchen. Sie war ihr auch zu fromm.

Meine Oma wohnte in der mocza Straße auch im Ghetto. 1939 wurde ihr Haus bombardiert, und sie kam ums Leben. Meine andere Oma, die Mutter meines Vaters, lebte mit uns in der Wohnung.

Meine Schwester arbeitete in dem Kinderheim von Janusz Korczak, bis die Deportationen begannen.

JANUSZ KORCZAK GING FREIWILLIG MIT EINEM KINDERTRANSPORT IN DAS VERNICHTUNGSLAGER TREBLINKA.

Mein Vater hatte einen Freund auf der anderen Seite unseres Hofes. In dessen Wohnung war eine Werkstatt, dort stellten wir Teile für elektrische Geräte her. Die ganze Familie beteiligte sich an der Arbeit. Selbst ich arbeitete an der Maschine – viele Stunden am Tag. Die Teile wurden durch die Mauer geschmuggelt und auf der anderen, der „arischen“ Seite verkauft.

Am Anfang fielen die Deportationen gar nicht so auf, aber das änderte sich schnell. Niemand wusste, wann die Deutschen kommen würden, um uns zu deportieren. Es war zu gefährlich, weiterzuarbeiten. In unserem Haus gab es ein Zimmer ohne Fenster,

mein Vater und sein Freund haben einen Kleiderschrank vor die Tür gestellt. Wir saßen den ganzen Tag über in diesem Versteck und lasen. Damals habe ich viele Bücher gelesen. Nachts schliefen wir in unserer Wohnung.

Die großen Deportationen begannen im Juli 1942. Es wurde damals darüber gesprochen, dass wir alle deportiert werden sollten. Mein Vater war während des Ersten Weltkriegs nach Deutschland verschleppt worden und hatte schlechte Erfahrungen mit den Deutschen gemacht. Er wusste, wozu sie fähig sind. Er wusste nichts Konkretes, aber er glaubte nicht, dass die Deportationen nur Arbeitslager bedeuteten.

Ich erinnere mich an den Selbstmord von **Adam Czerniakow** im Juli 1942. Er war der Präsident des Judenrats und sollte in dieser Funktion die **„Evakuierung"** der Juden im Ghetto organisieren. Nachdem er diesen Befehl erhielt, vergiftete er sich.

Umschlagplatz – *Über 300 000 Juden gingen diesen Weg des Leidens und des Todes zwischen 1940 und 1943, von dem Warschauer Ghetto in die Todeslager der Nazis.*

Am 22. Juli wurde die erste große „Aktion" durchgeführt. In diesen Tagen kamen sie auch zu unserem Haus. Leider waren wir in jenem Moment nicht in unserem Versteck.

In der chemischen Reinigung, die wie gesagt zu den Deutschen gehörte, wurden Pelze jetzt nicht nur gereinigt, sondern auch umgearbeitet für die deutschen Soldaten an der Ostfront.

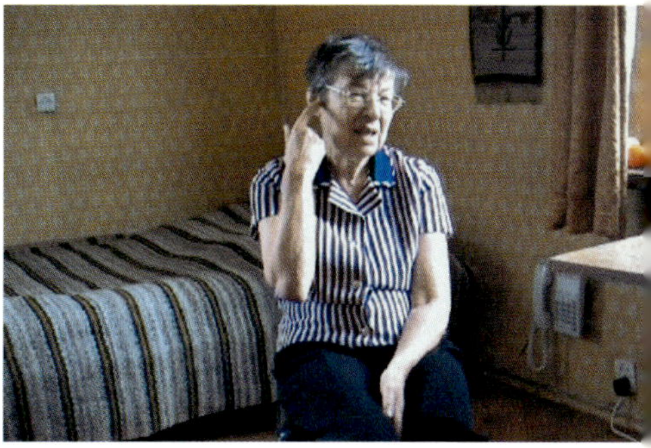

Es waren alles Pelze, die von Juden abgeliefert werden mussten. Die Arbeiter zerschnitten die Pelze im Hof des Hauses in der sengenden Hitze, damit sie anschließend umgenäht werden konnten.

Auch meine Schwester arbeitete mit im Hof und nähte. Mein Vater, der vorher schmuggelte, arbeitete jetzt in der Wäscherei als Heizer.

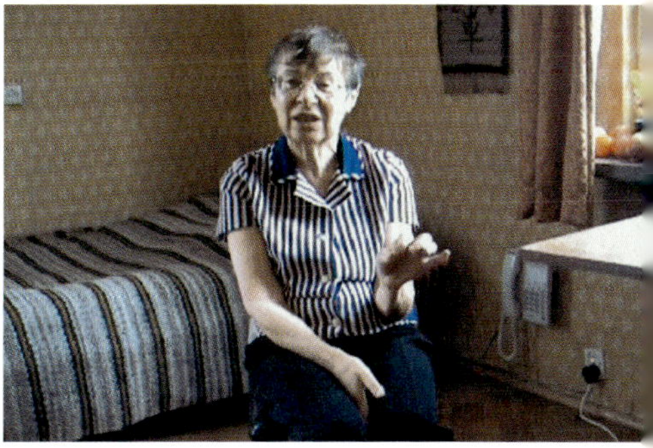

Man sagte, wer arbeitet, der überlebt.
Deshalb wollten alle eine Beschäftigung haben in der Reinigung oder im Hof.

Plötzlich an einem Tag, als meine Mutter, meine Oma und ich zu Hause waren, hörten wir einen Schrei:

"Die Deutschen kommen!!"

Die Wache rettete uns durch diese Warnung. Fast alle, die in dem Haus wohnten, rannten nach oben auf den Dachboden, auch meine Mutter und ich, nur meine Oma schaffte es nicht so schnell. Auf dem Dachboden lagerten die vielen Pelze, die umgenäht werden sollten. Wir haben uns alle blitzschnell unter den Pelzen versteckt, obwohl es sehr heiß war, ohne einen Laut von uns zu geben. Ich war damals neun Jahre alt. Unter uns waren auch sehr kleine Kinder, die wunder-

samerweise alle mucksmäuschenstill blieben. Ich wusste: Wenn ein kleines Kind weinen würde, wären wir alle verloren. Ich wusste das. Wir liegen also dort auf dem Dachboden unter den Pelzen, und dann hören wir einen Schuss von unten. Jemand ruft unseren Namen:

"Hochberg!"

Und noch ein Schuss.

Es interessierte mich nicht, was dort unten los war, es war egal. Das Einzige, was mich interessierte, war, was aus uns werden würde. Ich hatte keinerlei Gefühle mehr. Plötzlich öffnete sich die Tür und wir hörten eine Stimme:

„Sind hier Juden?"

Kein einziges der vielen kleinen Kinder weinte. Die Soldaten gingen wieder fort.

ES WAR EIN WUNDER!

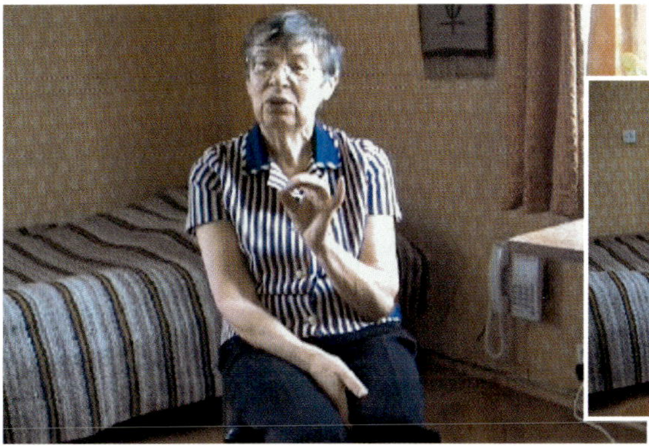

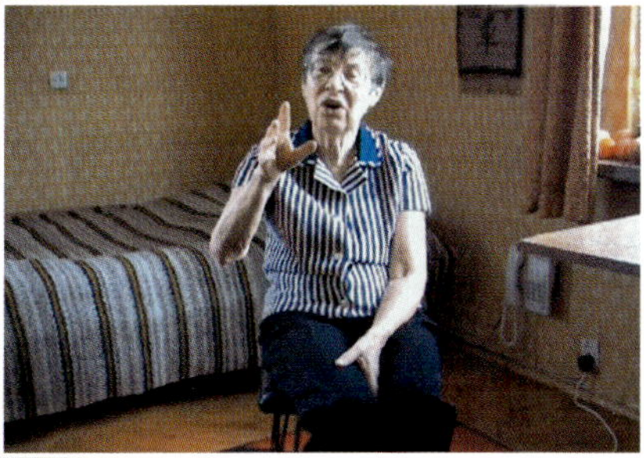

Das geschah einige Tage nach dem 22. Juli. Wir wussten zuerst nicht, ob mein Vater noch lebt. Die Deutschen hatten einige der Wohnungen nach Juden durchsucht, darunter auch unsere. Das merkwürdige war, dass meine Oma sich in der Toilette befand, doch sie hatten sie nicht entdeckt.

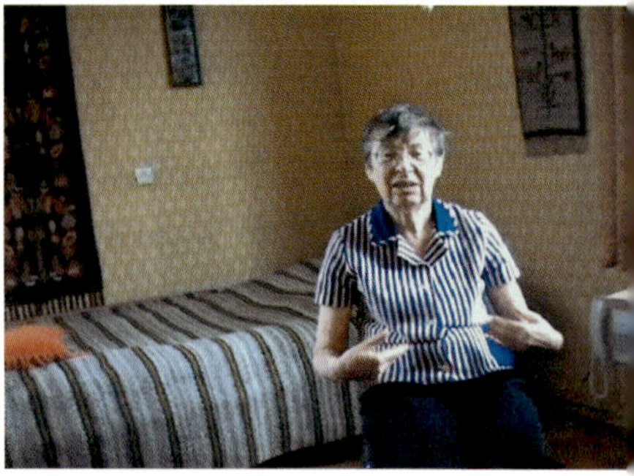

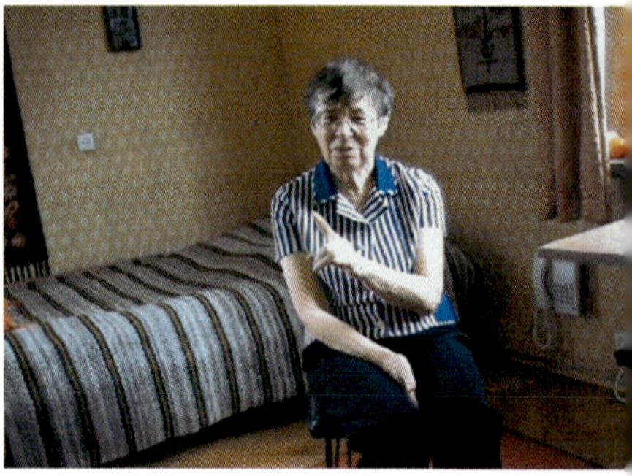

Es gab in unserem Haus zwei sehr kranke Männer, die wurden sofort auf der Straße erschossen. Dort, wo die Leute auf dem Hof arbeiteten, unter ihnen auch meine Schwester, haben die Deutschen alle in einer Reihe an die Wand gestellt - jeden zehnten haben sie rausgeholt und weggebracht zum Deportieren. Zum Glück traf es nicht meine Schwester.

Mein Vater konnte sehr gut Deutsch. Er war auch auf dem Hof, als die Deutschen kamen. Er wusste sofort, dass es besser wäre, nicht dort zu sein. Er sprach einen der Offiziere an, dass er der Heizer sei und dass er gleich zurück zu seiner Arbeit müsse.

Wir hatten diese „Aktion“ überlebt, aber mein Vater war sich klar darüber, dass wir das Ghetto so schnell wie möglich verlassen müssen. Einige Tage später fragte mich mein Vater, **ob ich aus dem Ghetto raus möchte, ob ich fliehen will.**

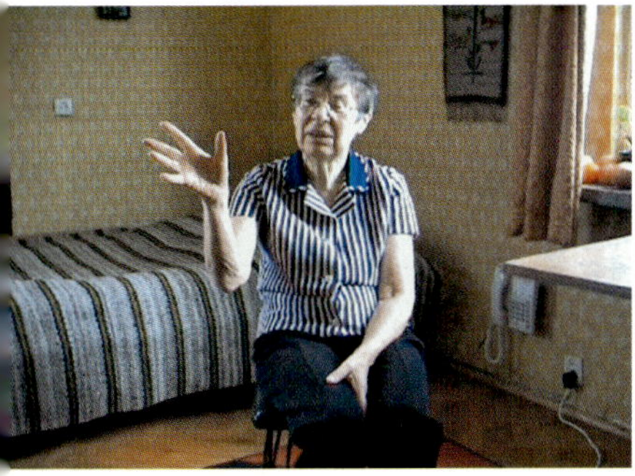

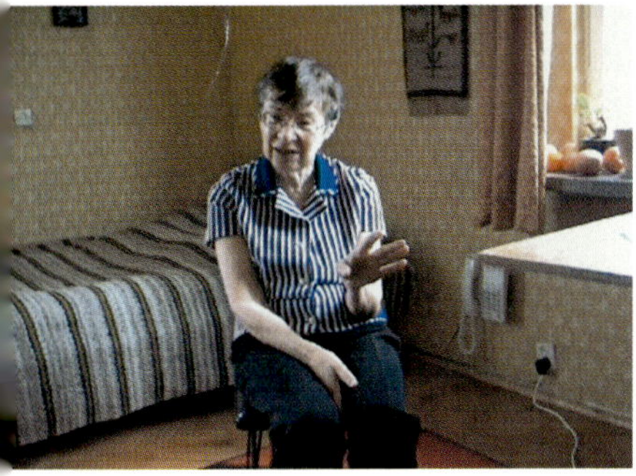

Es war kurz vor dem 20. August, dem Tag, an dem ich zehn Jahre alt wurde. Sofort habe ich

„ja“

geantwortet. Ich konnte mir zwar nicht genau vorstellen, was weiter werden würde, aber spontan habe ich mich bereit erklärt. Ich war die Erste aus unserer Familie, die floh.

Mein Vater kannte einen Polen von der „arischen Seite“ namens Krauze, der in der Wäscherei arbeitete. Er konnte ganz offiziell in das Ghetto rein und aus dem Ghetto raus. Er hatte einen Sohn, der drei Jahre jünger war als ich. Neben dem Tor des Ghettos war eine polnische Wache, keine deutsche.

Einer der Wachmänner bekam von meinem Vater Geld.

Ich gab dem Krauze meine Hand; und als ich mit ihm durch das Tor ging, drehte sich der Posten weg.
Natürlich hatte ich kein Gepäck dabei.
Ich habe das Ghetto am 17. August 1942 verlassen. Wir hatten wirklich Glück.
Mein Vater und meine Schwester sahen "sehr gut" aus - nicht wie Juden. Ich hatte keine Angst, dass man mich verhaften würde, ich sah auch nicht jüdisch aus, ich war blond damals. Ich konnte durch die Straßen gehen, ohne dass ich aufgefallen wäre. Sehr viele Juden wurden an dem Schreck in ihren Augen erkannt. Ich hatte keine Angst.

Der Pole Krauze, der mich aus dem Ghetto mit rausgenommen hatte, wohnte nicht weit weg in der Miedziana-Straße. Bei ihm habe ich erst mal übernachtet. Danach wurde ich von verschiedenen Leuten an den unterschiedlichsten Plätzen versteckt.

Elf Monate war ich auf dem Land bei einer Deutschen, die später dafür verhaftet wurde, aber sie ist zum Glück nicht umgekommen. Es waren viele Leute, die sich um mich gekümmert haben.

Meine Mutter habe ich bis 1944 nicht gesehen.
Erst nach dem Krieg erfuhr ich, was mit ihr passiert war. Sie wohnte noch einige Zeit heimlich in unserer alten Wohnung im Ghetto, sie verhielt sich ganz leise, damit sie keiner hörte. Man dachte, dass die Wohnung leer war. Mein Vater hatte ihr ein Versteck eingerichtet in einem Hochspannungsschrank, auf dem ein Totenkopf angebracht war, so dass jeder Angst hatte, den Schrank zu öffnen. Er hat ihr Essen gebracht.

Wir, meine Eltern und ich, sprachen später nie über diese Zeit. Ich glaube, sie wollten das alles vergessen.

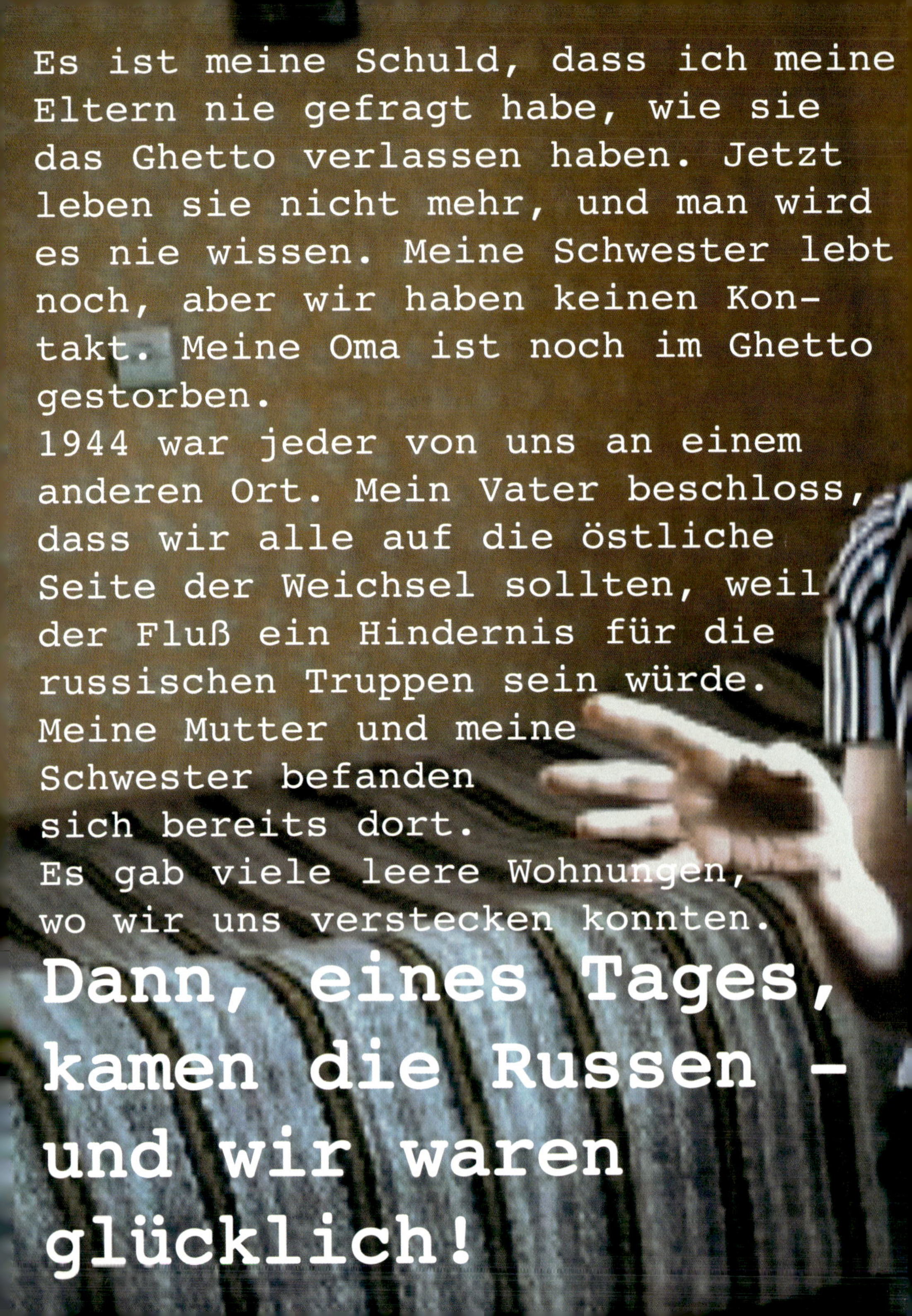

Es ist meine Schuld, dass ich meine Eltern nie gefragt habe, wie sie das Ghetto verlassen haben. Jetzt leben sie nicht mehr, und man wird es nie wissen. Meine Schwester lebt noch, aber wir haben keinen Kontakt. Meine Oma ist noch im Ghetto gestorben.
1944 war jeder von uns an einem anderen Ort. Mein Vater beschloss, dass wir alle auf die östliche Seite der Weichsel sollten, weil der Fluß ein Hindernis für die russischen Truppen sein würde.
Meine Mutter und meine Schwester befanden sich bereits dort.
Es gab viele leere Wohnungen, wo wir uns verstecken konnten.

Dann, eines Tages, kamen die Russen – und wir waren glücklich!

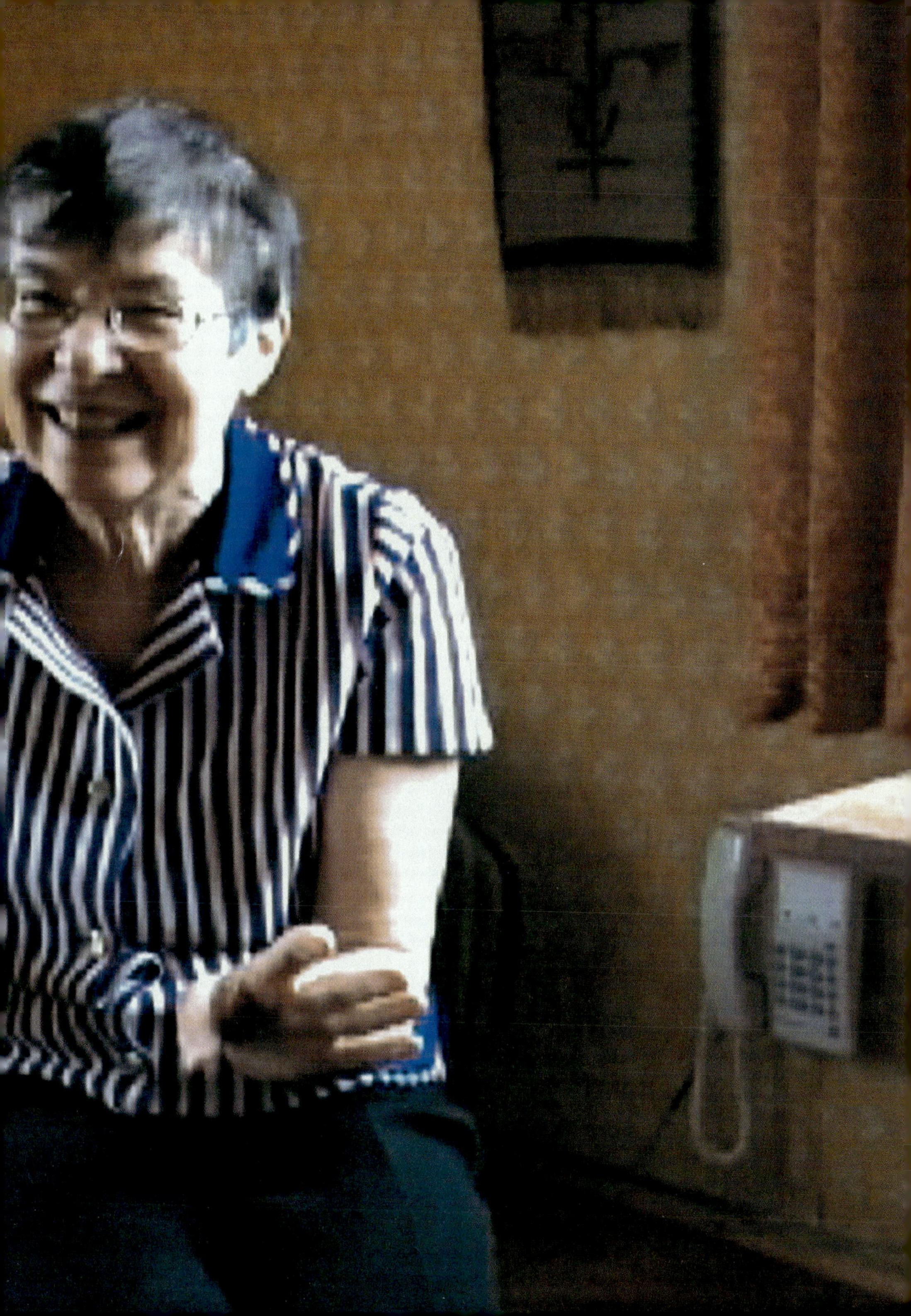

Jósef Hen

Ich bin in Warschau geboren, in der Nowolipie Straße am 8. November 1923.
Auf den Tag genau 16 Jahre später verließ ich Warschau, um der Verfolgung durch die Nazis zu entgehen.

PLAN GETTA WARSZAWSKIEGO
POWĄZKOWSKA
SPOKOJNA
KOŁSKA
OKOPOWA
MŁOCIŃSKA
DZIKA
STAWKI
NISKA
MURANOWSKA
MIŁA
ZOLIBORSKA
KONWIKTORSKA
ZAKROCZYMSKA
NALEWKI
BONIFRATERSKA
CISZKAŃSKA
FRANCISZKAŃSKA
FRETA
DZIKA (ZAMENHOFA)
GĘSIA
WOŁYŃSKA
SMOCZA
GLINIANA
PAWIA
DZIELNA
KARMELICKA
NOWOLIPKI
ŚWIĘTOJERSKA
PL. KRASIŃSKICH
OGRÓD KRASIŃSKICH
PODWALE
MIODOWA
DŁUGA
BIELAŃSKA
PL. TEATRALNY
NOWOLIPIE
WOLNOŚĆ
KACZA
ŻYTNIA
LESZNO
SOLNA
ORLA
PL. BANKOWY
OGRÓD SASKI
ELEKTORALNA
OGRODOWA
ŻELAZNA
PL. ŻELAZNEJ BRAMY
KRÓLEWSKA
PL. KERCELEGO
WRONIA
CHŁODNA
KROCHMALNA
GRZYBOWSKA
PL. GRZYBOWSKI
ZIELNA
BAGNO
WALICÓW
CIEPŁA
TWARDA
PAŃSKA
ŚLISKA
MARSZAŁKOWSKA
KAROLKOWA
ŁUCKA
PROSTA
PRZYOKOPOWA
TOWAROWA
PL. KAZIMIERZA WLK.
SIENNA
SOSNOWA
ZŁOTA
WIELKA
CHMIELNA
Dworzec Główny
JEROZOLIMSKIE

Ich hielt es nicht mehr aus,
nachdem die Deutschen in Warschau
einmarschiert waren.
Ich hatte gesehen, wie uniformierte
junge Burschen sich damit vergnüg-

ten, unter röhrendem Gelächter jüdischen, meist älteren Männern die Bärte abzuschneiden mit Nagelscheren, die sie bei sich trugen.

Kurz zuvor kam der Befehl, dass alle **Radios** abgegeben werden mussten. Das Radio war damals unsere einzige Informationsquelle, um zu erfahren, was geschah. Wir hörten die Sender von

Paris

und

London

und nun nahm man uns unseren Trost und unsere Hoffnung: unsere Verbindung zur zivilisierten Welt. Ich brachte das Radio weg, allerdings

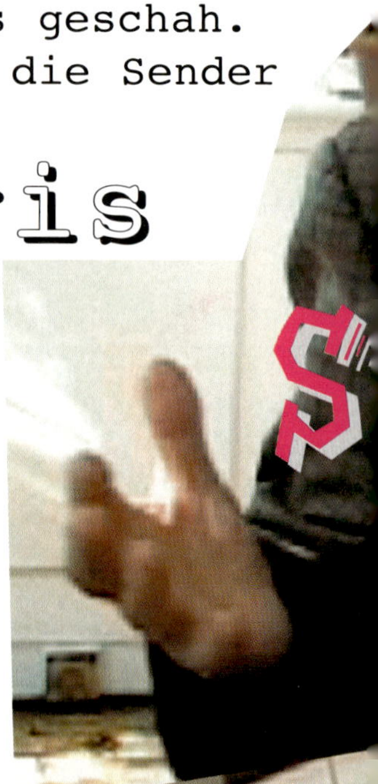

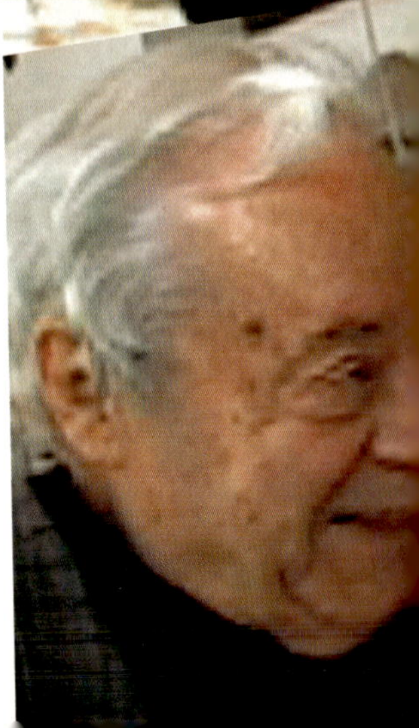

HMETTERTE

ich den Apparat aufs Pflaster im Hof, dass alle Röhren

SPLITTERTEN

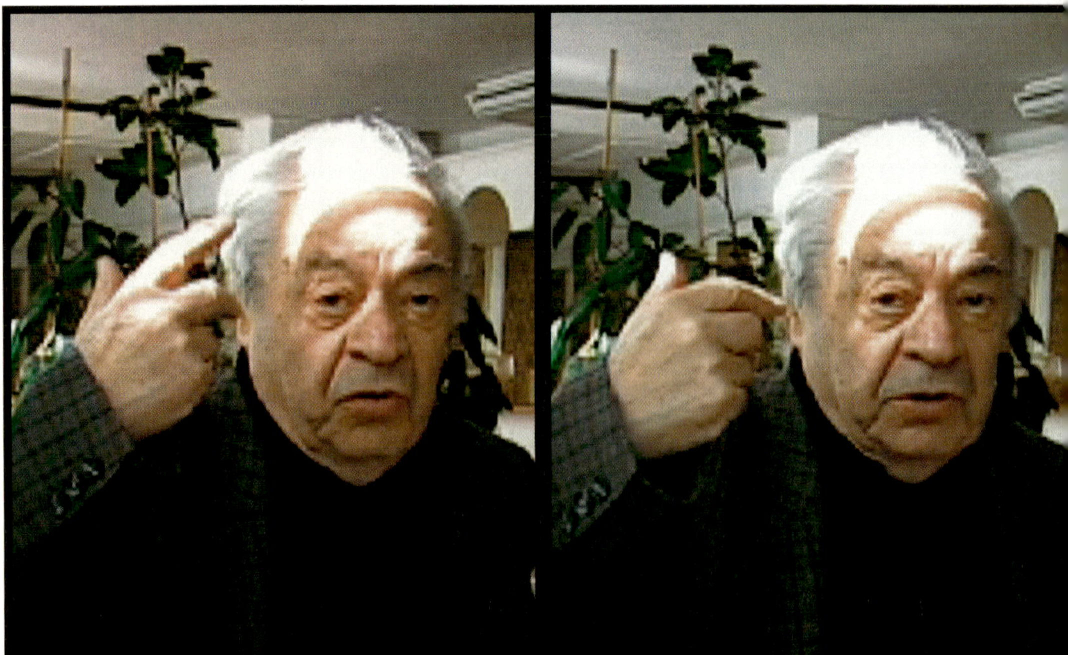

Ich entschloss mich, Warschau zu verlassen um auf die russische Seite zu gelangen. Ich griff mir die Flasche Wasserstoffsuper-oxyd aus unserer Hausapo-theke, verdünnte es und schüttete es mir in mein

schwar-zes Haar.

Jetzt hatte

Kein Mer

ich goldenes Haar!
mal mehr von einem Juden!

Ich verließ Warschau auf einem Pferdew
Bauersfrau verkleidet hatte. Unterwegs
angehalten, von zwei Deutschen. Der e
seiner Taschenlampe ins Gesicht und s

"Jude?! Jude?!"

Er blendete mich. Ich antwortete auf Polnisch: „Wie bitte?"

Der Deutsche riss mir die Mütze vom Kopf, betrachtete im Licht der Taschenlampe mein Gesicht und mein Haar und brüllte zu dem anderen: „Kein Jude!" „Ja, ja", antwortete der, so als wäre sein Kumpel Experte für Ju

en mit meiner Schwester, die sich als
urden wir im Dunkeln
leuchtete mir mit
ie auf deutsch:

„Wie bitte?"

Ich gab vor, nichts zu verstehen, nicht ein einziges Wort Deutsch – nicht einmal das Wort „Jude", das jede Rotznase inzwischen kannte.

-oder-nicht-Jude.

Meine Schwester und ich trennten uns.

Ich lief durch das Niemandsland und machte ein Geschäft mit einem Schmuggler:

Er sollte mich auf die sowjetische Seite bringen.

Wir kamen zu einem Haus und wollten dort die Nacht verbringen. Die Frau des Hauses wollte zwei Zloty von jedem haben.

Ich hatte nur 50 Groszy. Ich sagte ihr, dass ich nicht mehr hätte. Das interessierte sie nicht weiter,

sie setzte mich vor die Tür. Es regnete.

Da sah ich ein Licht in der Ferne.

Ich ging hin und kam an ein Haus. Eine Frau öffnete mir. Ich sagte ihr, dass ich nur 50 Groszy hätte.

Sie sagte zu mir:

„Komm rein, setz dich hin und trink einen Tee." Sie gab mir zu essen und bot mir einen Schlafplatz an

auf dem Fußboden.

Dort schlief ich.

Am nächsten Morgen erzählte mir die Frau,

dass alle Leute in dem anderen Haus in der Nacht von einer Sowjet-Patrouille ins Niemandsland zurückgeschickt

worden waren – und ich nicht!

Ich hatte großes Glück.

Man stelle sich vor, wenn ich die zwei Zloty gehabt hätte!

Es war mein

16. Geburtstag!

Dann fand ich meine Schwester in dem Haus von Freunden, wo wir uns verabredet hatten. Dort machte ich eine Erfahrung: Ich aß zum ersten Mal in meinem Leben Schweinefleisch. Im Judentum ist es nicht erlaubt, Schweinefleisch zu essen, diese Leute waren nicht sehr religiös. Ich muss gestehen, dass es mir sehr gut geschmeckt hat. Seitdem esse ich Schweinefleisch,

weil ich denke, dass das Verbot sicher vor zweitausend Jahren wichtig war, aber jetzt... Ich reformiere das. An Yom Kippur fastete ich ein bisschen für meinen toten Vater. Ich aß weniger – und ich fühlte mich besser. Yom Kippur ist der wichtigste Feiertag der Juden, ein Tag des Fastens und der Vergebung gegenüber GOTT und den Menschen.

Später ging ich in die Sowjetunion und habe bis zum Kriegsende in der russischen Armee gegen die Deutschen gekämpft. Meine Eltern waren bis 1943 im Warschauer Ghetto in der Nowolipie Straße. Dann wurden sie verhaftet und von dort in das KZ Majdanek deportiert.

Mein Vater hatte im KZ Majdanek keinerlei Geschwüre gehabt, hatte beim Appell aufrecht gestanden, war gut genährt, glücklich durch die Selektion gekommen. Nach der Selektion hatte man ihn in eine Munitionsfabrik nach Skarzysko-Kamienna geschafft. Mama war auch in dieser Fabrik gelandet, im Frauenblock.

Später im Januar 1945, als die Offensive der Roten Armee beginnen sollte, evakuierten die Deutschen die Häftlinge. Die Frauen wurden nach Leipzig gebracht, auf diese Weise hatte Mama überlebt. Sie wurde von den Amerikanern befreit und ging zurück nach Warschau.

Dort,
im
August
1945,
begeg-
nete
ich ihr
auf der

Targowa-Straße.

Ich trug die
russische
Leutnants-
uniform,
und Mama
erkannte
mich nicht.

Breitbeinig
stellte ich
mich vor sie
hin.

Da
blieb
auch
sie
stehen,

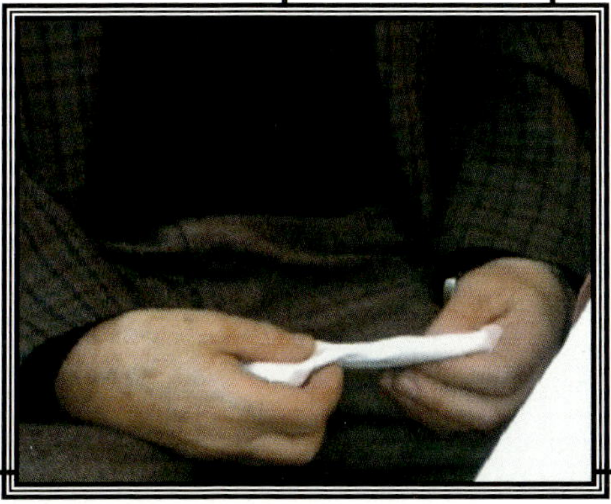

verwundert,
was der junge
Offizier von
ihr wollte.

Ich stammelte:
„Mama..."

und die
Tränen
stürzten
mir aus
den Augen,
ja,
stürzten,
sie rannen
nicht,
und sie nässten
das Pflaster.

Auch die
Passanten,
die die Szene
mit ansahen,
weinten.

Mein Vater war nach Buchenw

Die 1943 von Häftlingen erbaute Bahnstrecke diente zunächst der Versorgung der Rüstungsbetriebe neben dem Lager und brachte ab 1945 Menschen aus allen von Deutschland besetzten Ländern in das KZ Buchenwald und von dort zum d gebracht worden.

Arbeitseinsatz in die Außenlager.
Der **Bahnhof Buchenwald** war Ausgangsort für Transporte von nicht mehr arbeitsfähigen Häftlingen und 1945 Endstation für Evakuierungstransporte aus den Lagern im Osten.

Freizeitbereich de
ger; erhalten sinc

SS-Familien neben dem Häftlingsla-
ie Strukturen und der Bärenzwinger.

oologischer Garten der SS, SS-Foto 1938
oological Garden of the SS, SS photograph,
ardin zoologique des SS, photo prise par ur
оологический сад войск СС, фотоснимок С

KZ Buchenwald

ine jüdische Organisation fand die Nummer und die Karte von meinem Vater. Nach sechs Jahren schickten sie sie mir. Dort war er wahrscheinlich in den letzten Tagen des Krieges ermordet worden.

Ich erinnere mich an eine Szene mit Janusz Korczak, dem Mann, der die Kinder liebte, in Warschau, vor meiner Flucht. Meinen kleinen Bruder hatte ich mit ins Kino genommen. Leider

Mein Bruder machte sich nichts draus, möglich, dass ihn die Nachricht noch befeuerte. Ich war verzweifelt. Ich wusste doch, Korczak liebte die Kinder. Und jetzt würde er denken, dass sie das gar nicht so recht verdienten.

schien er sich überhaupt nicht für den Film zu interessieren. Er vertrieb sich die Zeit damit, den Mann, der vor ihm saß, gegen die Waden zu treten. Der Mann drehte sich um und ermahnte ihn stillzusitzen. Und da sah ich, dass der Mann mit dem Spitzbart, den mein Bruder trat, Janusz Korczak war. Ich zischte ihm zu: „Hör auf, das ist Korczak!"

Der Mann mit dem pitzbart ermahnte einen Bruder noch einmal, aber es fruchtete nicht: Statt an einem frechen Kind herumzuerziehen, setzte er sich einfach in eine andere Reihe.

Später, sehr viel später, kehrte ich manchmal in Gedanken zu jener Szene zurück. Ich dachte an Korczak, der im Warschauer Ghetto ein Waisenhaus leitete.

Waisenhaus in Warschau

Er ging 1942 mit
einem Kindertransport
freiwillig mit ins
Vernichtungslager
Treblinka,
wo sie alle in den
Gaskammern ermordet
wurden.

ka

Im Vernichtungslager, das man im November 1943 liquidierte, sollen 800 000 Juden aus Polen, Österreich, Belgien, Bulgarien, der

“HITLERS KONZENTRATIONSLAGE

Tschechoslowakei, Frankreich Griechenland, Jugoslawien Deutschland und der Sowjetunion ermordet worden sein.

Die Häftlinge tötete man mit der

“industriellen Methode”

in Gaskammern.

Ich dachte an meinen
Bruder, der auch im
Krieg umgekommen war

– nur weiß ich nicht, wie.

קיינמאל מער
НИКОГДА БОЛЬШЕ
NEVER AGAIN
JAMAIS PLUS
NIE WIEDER
NIGDY WIĘCEJ
לא עוד!
UWAGA
ZNICZE WOLNO PALIĆ
TYLKO PRZED POMNIKIEM
ATTENTION
CANDLES MAY ONLY BE BURNED
IN FRONT OF THE MONUMENT

Edgar Hilsenrath

Im April 1926 wurde ich in Leipzig geboren. 1938 flüchtete ich von dort mit meiner Mutter und meinem

kleinen Bruder nach Sereth, einer kleinen Stadt in Rumänien, zu meinem Großvater. Meine Großmutter war schon gestorben. Es war mein Glück, dass ich nicht direkt von den Deutschen, sondern von den rumänischen Faschisten deportiert wurde – aus der rumänischen Bukowina in das jüdische Ghetto Moghilev-Podolsk, in der Nähe von Odess

Mei
Vater wa
in Leipzig ge-
blieben. Er flüch-
tete 1939 nach Frankreic
und lebte dort unerkannt unte
einem christlichen Namen.

Wir, mein Großvater, meine Tante, mein Onkel, meine Mutter und mein Bruder, waren in einer Gruppe von ungefähr vierzig Freunden.

iner von ihnen kannte den rumänischen Militärommandanten des Ghettos. Der hat uns Papiere gegeben mit der Erlaubnis, dass wir ein Schulhaus requirieren konnten und dass wir nicht weiter deportiert werden durften.

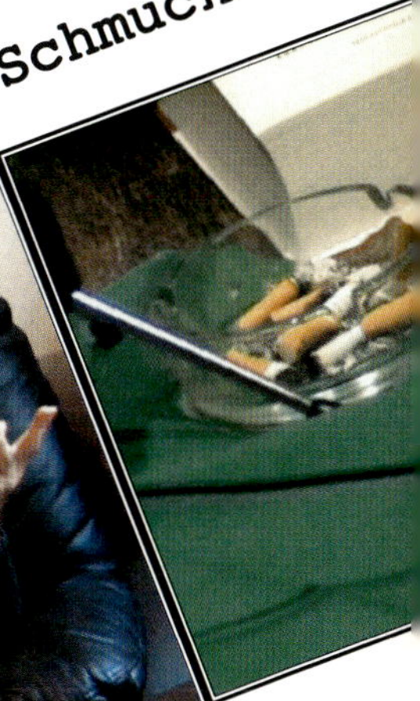

Es war unter Todesstrafe verboten, Schmuck oder

Geld mitzunehmen von zu Hause. Daran haben wir uns aber nicht gehalten. Wir haben in der Gruppe

gesammelt und haben einen Schwarzhandel begonnen.

Ein paar Leute sin
nachts aus dem Ghetto
rausgeschlichen und haben be
den Bauern Schmuck, Geld, Pelz-
mäntel und Kleider gegen Lebensmittel
eingetauscht, wovon wir gelebt haben.
Einen Teil haben wir verkauft.
So haben wir uns über Wasser gehalten.

Nachts führten rumänische Gendarmen Razzien im Ghetto
durch. Sie haben die Leute rausgeholt und weiter nach
Osten deportiert zu dem Fluss Buk. Dort stand die
deutsche SS, und die haben die Menschen sofort
erschossen. Die Rumänen haben auch ständig Juden
erschossen, aber sie waren doch nicht so schrecklich
wie die Deutschen – keine KZs, keine Gaskammern!

Meine Mutter hatte einen polnischen Pass, weil mein Vater Pole war. Zum Glück hat uns nie jemand danach gefragt, sonst wären wir nach Polen deportiert worden, und da wären wir umgekommen.

Wir wurden 1944 von den Russen befreit. Ich habe mich als Erster zu Fuß auf den Heimweg gemacht nach Sereth, zu dem Haus meines Großvaters. Anfangs gelangte ich nach Czernowitz, wo die Russen waren. Die haben eines Tages alle Männer zwischen achtzehn und fünfzig Jahren verhaftet und in die Ukraine zu den Kohlengruben nach Dobas deportiert. Ich hatte wieder Glück, weil ich

einen Mann kennengelernt hatte, der Russisch sprechen konnte und sich meiner angenommen atte.

Er fragte mich: "Wie alt bist du?" Ich antwortete ihm: "Achtzehn!" Er sagte: "Zeig mir mal deine Papiere, ich mache dich zwei Jahre jünger."
Ich bin Jahrgang 1926, er hat aus der 6 eine 8 gemacht. Damit war ich sechzehn Jahre alt, und so haben sie mich rausgelassen.

Dann kam ich endlich nach Sereth, wo ich sechs Monate blieb.
Ich war jung und abenteuerlustig.

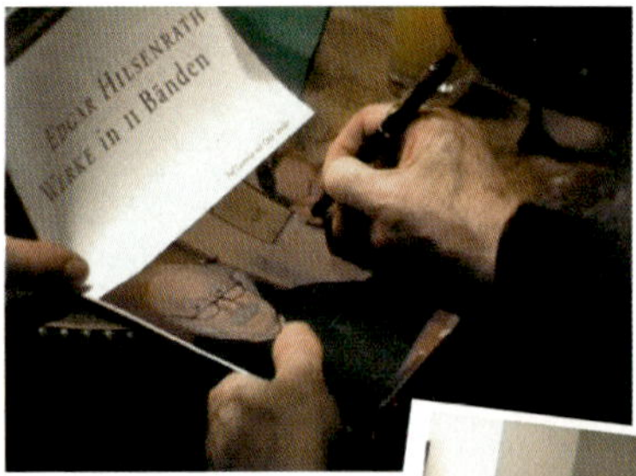

Ich machte mich auf den Weg nach Bukarest, teilweise zu Fuß, teilweise mit dem Pferdewagen.
In Bukarest habe ich mich mit dem Leiter der zionistischen Bewegung in Verbindung gesetzt, der ein Freund von mir war und den ich aus Sereth kannte.

Er hat mich auf einen Transport gesetzt, der nach Palästina fuhr mit der Eisenbahn über Bulgarien und die Türkei.

In Bukarest hatte ich ein Mädchen kennengelernt, das auch nach Palästina wollte.
Sie hieß Iwonna und kam aus Warschau. Sie hatte den Warschauer Ghetto-Aufstand erlebt und war in letzter Minute, als die Deutschen das Ghetto angezündet hatten, durch den Stadtkanal geflüchtet.
Sie war zweiundzwanzig, trug einen langen Pferdeschwanz und hatte Narben im Gesicht. Ihr Körper war ausgemergelt vom langen Hungern.

<u>Sie erzählte mir ihre Geschichte:</u>

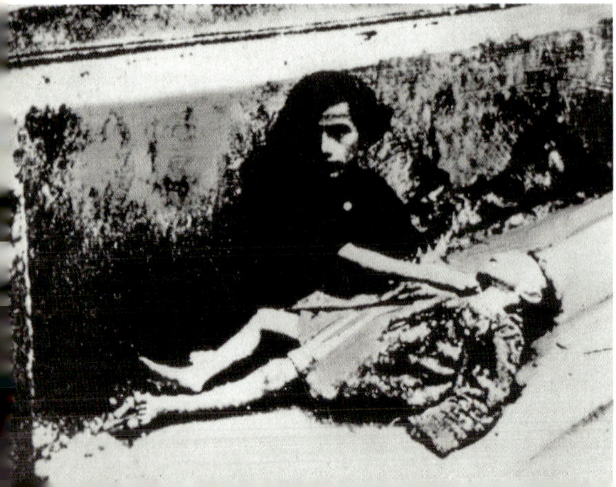

1941 musste sie mit ihren Eltern und einer kleinen Schwester ihre Wohnung in der Warschauer Vorstadt verlassen und ins Warschauer Ghetto ziehen. Sie hatten kein Geld und hungerten. Ihr Vater bekam Hungerödeme, die seinen

ganzen Körper aufgeschwemmt hatten. Er hat den Hunger im Ghetto nicht ertragen. Er weinte manchmal wie ein kleines Kind und starb Anfang 1942, die Mutter etwas später, an Flecktyphus. Sie starb wie eine welke Blume ohne einen Laut.

Ich weiß nicht mal, wo sie liegen. ***Im Warschauer Ghetto kamen die Leichenträger jeden Morgen, um die Leichen, die vor den Häusern lagen, aufzusammeln.*** *Sie brachten sie zu den Massengräbern am Stadtrand. Iwonna und die kleine Schwester bettelten auf dem Basar,* ***dann wurde die kleine Schwester krank und starb ganz plötzlich.***

Als die Razzien anfingen, versteckte sich Iwonna, aber im Winter 42/43 wurde sie geschnappt.

Man brachte sie zu einem Zug, der zum Vergasen nach Treblinka ging.

Iwonna gelang die Flucht aus dem Todeszug.

Sie flüchtete in den Wald. Die Nächte waren kalt, und sie hatte Hunger. Deshalb ging sie in ein polnisches Dorf und bat einen Bauern um Hilfe.
Der war ein wüster Antisemit und beschimpfte Iwonna und ihre jüdische Sippschaft. Er nahm sie aber vorüber-

gehend in sein Haus auf, gab ihr sogar Suppe und Brot und wollte mit ihr schlafen.
Iwonna setzte sich zur Wehr, was aber nicht viel half.
Der Bauer hatte eine Frau und drei Söhne, die nicht mit ihr sprachen. Er schleppte Iwonna in eine Holzkammer und vergewaltigte sie dort.
Sie hatte Angst vor den Deutschen, dem Wald,

dem Hunger und der Kälte. Deshalb ertrug sie alles. Der Bauer vergewaltigte sie tagtäglich und schlug sie mit der Pferdepeitsche. Er drückte brennende Holzscheite auf ihrer Haut aus. Sie hat fürchterlich geschrien, aber das hat ihn nicht gestört. Sie war am ganzen Körper voller schrecklicher Narben.
Iwonna musste die Ställe reinigen, die Kühe melken und in der Küche helfen. Einmal zerrte der älteste, siebzehnjährige Sohn Iwonna in den Pferdestall, riss ihr das Kleid vom Leibe, und dann musste sie es mit ihm machen. Seine Mutter tauchte plötzlich im Stall auf, sah, was vor sich ging, und lachte nur boshaft.

Im März 1943 rannte Iwonna davon.
Sie beschloss, ins Warschauer Ghetto zurückzukehren.

Sie kam gerade an, als der jüdische Aufstand ausgebrochen war. Die jungen Aufständischen zeigten Iwonna, wie man mit einem Gewehr umging, und Iwonna nahm mit Begeisterung an den Kämpfen teil. "Es war unglaublich", sagte Iwonna. "Wir lagen auf den Dächern und beschossen die Deutschen auf der Straße. Wir nahmen den Toten die Waffen ab und verteilten sie an unsere Leute, die keine Feuerwaffen hatten. Viele hatten mit Messern und Molotow-Cocktails gekämpft.

Wir setzten einen Panzer in Brand.
Die herausspringenden Deutschen erschossen wir.
Dann reparierten wir den Panzer und besetzten ihn mit eigenen Leuten.

n
Waffen
n
setzten sich
Wehr.

"Wir malten sogar einen Davidstern auf die Panzerwand."

"Einmal schleusten mich unsere Leute aus dem Ghetto heraus, um Waffen zu kaufen. Ich ging mit zwei Chawerim, zwei Kameraden, durch den Kanal und stieg an

einer bestimmten Stelle durch den Schacht auf die Straße. Wir gingen im Morgengrauen durch Warschau, immer auf der Hut vor einer Streife. Wir hatten Glück und kamen bis zu unserem Treffpunkt. Es war ein altes Mietshaus mit einer wackeligen Treppe in einem düsteren Hausflur. Oben erwarteten uns zwei Polen, die uns mit Waffen beliefern sollten. Es

klappte auch alles. Wir nahmen die Waffen in Empfang und zahlten bar in Zloty.
Plötzlich, wie aus dem Nichts, tauchte polnische Miliz auf. Wir waren verraten worden. Wir waren aber schneller. Wir feuerten aus unseren Pistolen. Die Milizleute brachen tot zusammen , und wir rannten weg.

Wieder im Ghetto, feierten wir unseren Triumph mit Wodka und Brot."

"In den nächsten Tagen fanden Kämpfe von Haus zu Haus statt. Die SS hatte frische Truppen geschickt. Deutsche Flugzeuge überflogen das Ghetto und warfen Brandbomben ab. Die SS warf ihrerseits Gasbomben in die Keller, die uns ausräuchern sollten. Nach einigen Tagen mussten wir aufgeben. Das ganze Ghetto brannte. Viele von uns wurden gefangen genommen und gleich abtransportiert oder an Ort und Stelle erschossen. Einigen von uns gelang die Flucht durch die Kanäle."

"Ich floh durch den Kanal, aber ich wollte nicht in Warschau bleiben, sondern machte mich auf den Weg zur russischen Grenze, wo ich die russische Front vermutete. Im Frühjahr 44 wurde ich von der Front überrollt.
Die Russen waren da."
Ich war frei!

Das war Iwonnas Geschichte!

In Bulgarien haben mich die Russen noch mal verhaftet und zwei Monate interniert in einer Schule. Wir hatten nicht die richtigen Papiere. Dann kam aber Ben Gurion persönlich nach Sofia und hat uns rausgeholt. Die Russen ließen uns dann weiterfahren über die Türkei und den Bosporus. Dort stand die Bagdad-Bahn, mit der wir über Syrien nach Palästina gefahren sind, wo wir im Januar 1945 ankamen. Dort wurden wir wieder eingeteilt von den Zionisten. Ich kam in ein Kibbuz im Galil. Da habe ich ein paar Monate gearbeitet, dann bin ich zum Chef der Einwanderungsbehörde gegangen und habe dem erzählt:

שנת 1944

"Ich bin in einem Kibbuz, wo lauter französische Juden sind, und ich kann nicht Französisch. Können Sie mich nicht in ein Kibbuz einteilen, wo Bukowiner sind?" "Okay", sagte der. "Da gibt es ein Kibbuz in der Nähe von Tel Aviv." Da bin ich hin und habe mich vorgestellt. Die haben mich gleich aufgenommen. Ich war ja achtzehn Jahre alt, aber ich habe mich wieder jünger gemacht, so dass ich mit siebzehn noch einen halben Tag zur Schule gehen konnte.

Pionierarbeit, z.B. im Kibbuz Nachshon

Ich hatte ja schon angefangen zu schreiben. Ich schwänzte die Schule und saß am Nachmittag in der Bibliothek und schrieb dort.

Ich habe dem österreichischen Schriftsteller MAX BROD nach Jerusalem geschrieben, und der hat mir geantwortet.

Ich habe ihm geschrieben, dass ich achtzehn Jahre alt bin und schreiben möchte. Dass ich von der deutschen Sprache abgeschnitten bin, andere Sprachen könne ich nicht, und was ich machen soll.

Da hat er mir einen sehr trostreichen Brief geschrieben und mir geraten, ich solle mich doch weiterbilden. Ich sollte den GRÜNEN HEINRICH von Gottfried Keller und die WAHLVERWANDTSCHAFTEN von Goethe lesen. Ich sollte ihm etwas zeigen, sobald ich etwas Vorzeigbares hätte. Er wäre gerne bereit, mir zu helfen.

Ich habe ihm aber nie etwas geschickt, weil ich mich nicht getraut habe, was mir heute leidtut.

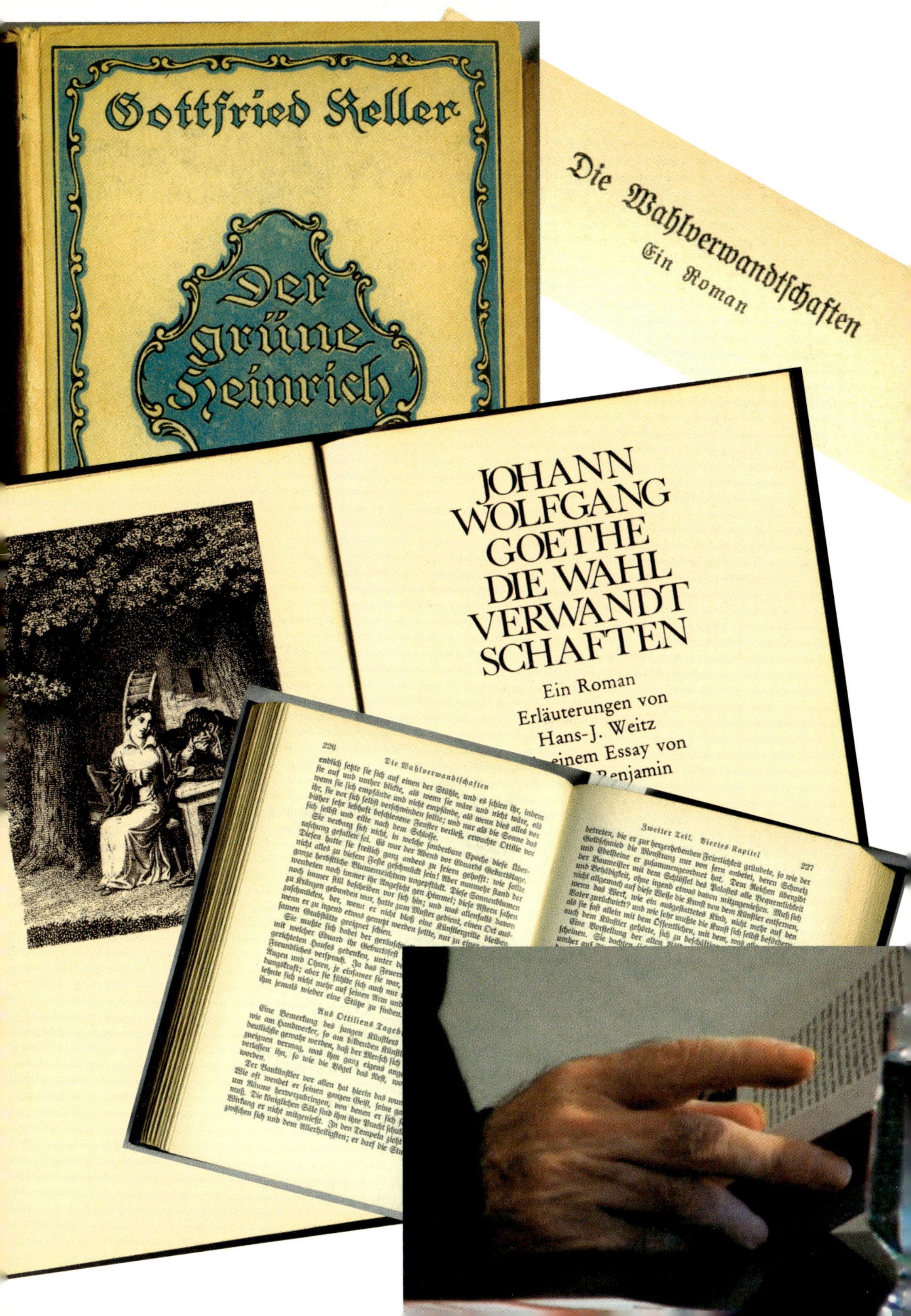
Gottfried Keller
Der grüne Heinrich
Die Wahlverwandtschaften
Ein Roman
JOHANN WOLFGANG GOETHE
DIE WAHL VERWANDT SCHAFTEN
Ein Roman
Erläuterungen von
Hans-J. Weitz
226
Die Wahlverwandtschaften
Zweiter Teil. Viertes Kapitel
227

WELCOME TO HAIFA PORT
ברוכים הבאים בשערנו

Im Mai 1945 ging der Krieg zu Ende. Deutschland hatte kapituliert. Im Kibbuz herrschte kein Jubel. Die Leute trauerten um ihre Verwandten, die von den Nazis ermordet worden waren. Besonders die Polen hatten viele Angehörige verloren. Ihre Eltern und Geschwister waren erschlagen, erschossen und vergast worden.

Die Zeitungen brachten erst jetzt die Greuelnachrichten aus den KZs.

Im gleichen Monat zog ich nach Haifa. Dort suchte ich mir einen Job.

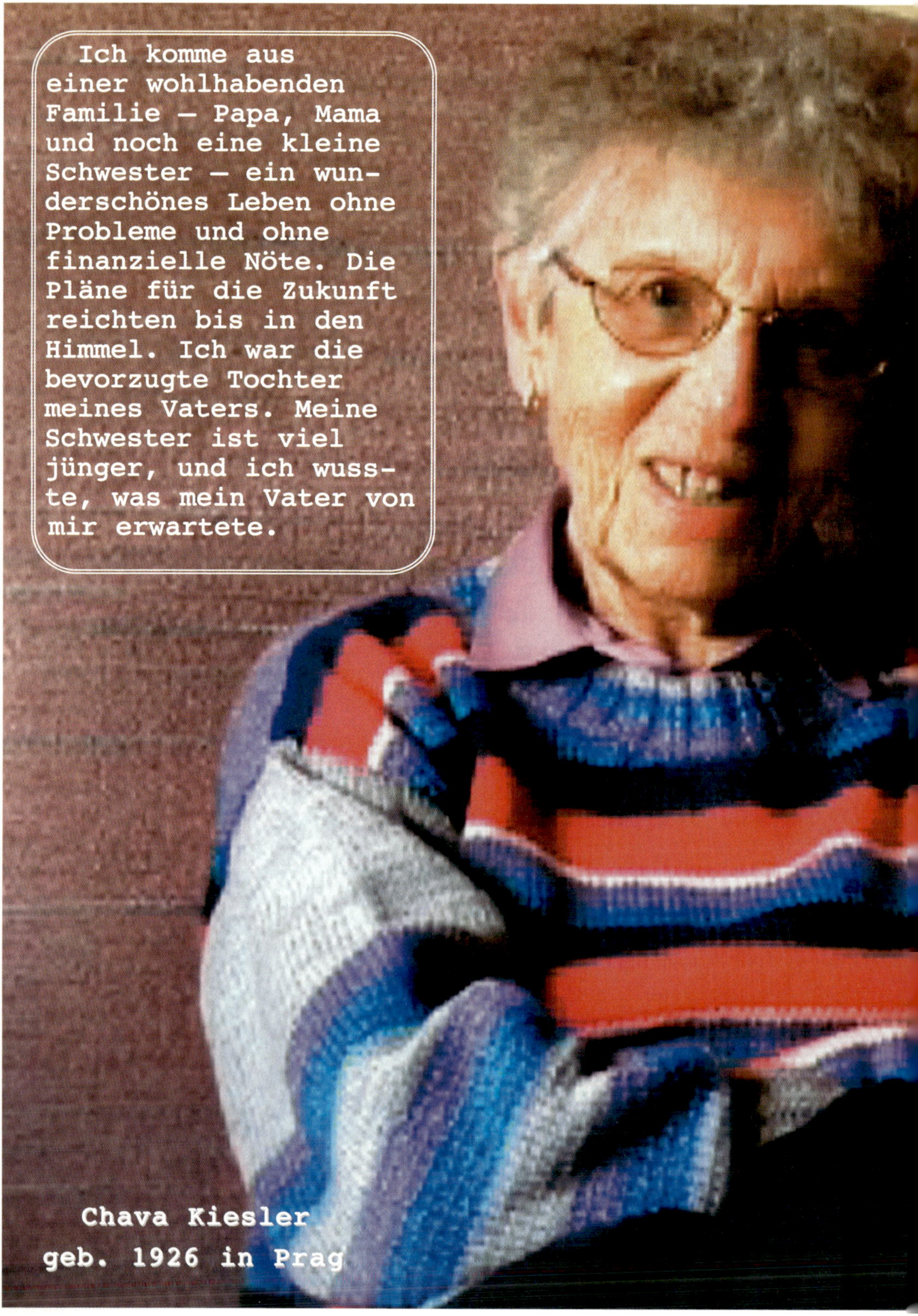

Ich komme aus einer wohlhabenden Familie – Papa, Mama und noch eine kleine Schwester – ein wunderschönes Leben ohne Probleme und ohne finanzielle Nöte. Die Pläne für die Zukunft reichten bis in den Himmel. Ich war die bevorzugte Tochter meines Vaters. Meine Schwester ist viel jünger, und ich wusste, was mein Vater von mir erwartete.

Chava Kiesler
geb. 1926 in Prag

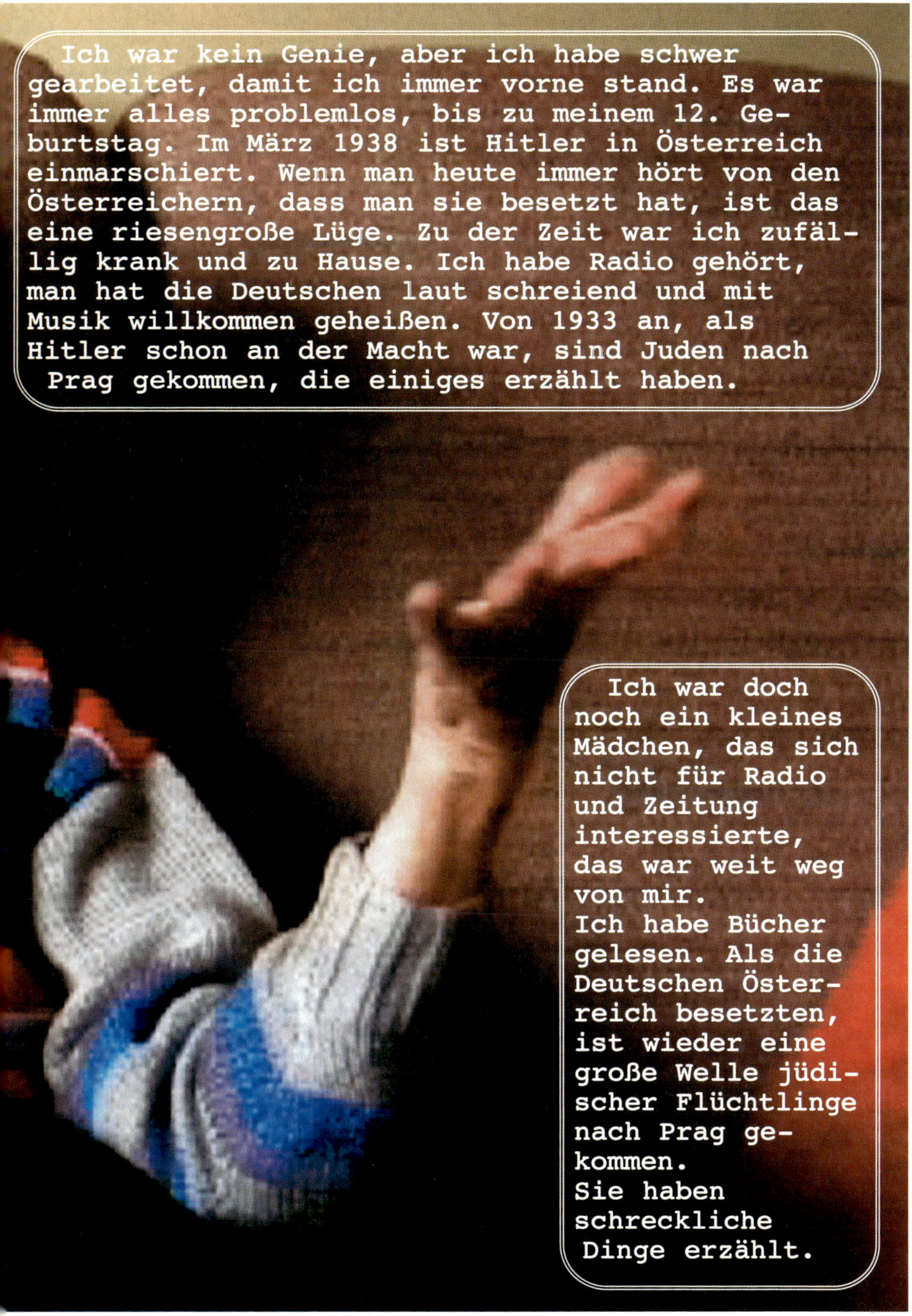

Ich war kein Genie, aber ich habe schwer gearbeitet, damit ich immer vorne stand. Es war immer alles problemlos, bis zu meinem 12. Geburtstag. Im März 1938 ist Hitler in Österreich einmarschiert. Wenn man heute immer hört von den Österreichern, dass man sie besetzt hat, ist das eine riesengroße Lüge. Zu der Zeit war ich zufällig krank und zu Hause. Ich habe Radio gehört, man hat die Deutschen laut schreiend und mit Musik willkommen geheißen. Von 1933 an, als Hitler schon an der Macht war, sind Juden nach Prag gekommen, die einiges erzählt haben.

Ich war doch noch ein kleines Mädchen, das sich nicht für Radio und Zeitung interessierte, das war weit weg von mir.
Ich habe Bücher gelesen. Als die Deutschen Österreich besetzten, ist wieder eine große Welle jüdischer Flüchtlinge nach Prag gekommen.
Sie haben schreckliche Dinge erzählt.

Mein seliger Vater, wie naiv war er! Er meinte, dass es doch nicht sein könnte, dass Menschen, die nichts Schlimmes gemacht haben, schikaniert würden - nur wegen ihres Judentums. Ja, das war wirklich sehr naiv. Nach dem März 1938 fing Hitler an, das ganze Sudetenland Deutschland anzuschließen. Die Tschechoslowakei war eine wahre Demokratie, wie es sie so in den umliegenden Ländern nicht gab.

Die große Minderheit waren Deutsche, die kleine Minderheit Juden. Die Deutschen hatten Theater, eine Universität, eigene Abgeordnete, es gab deutsche Parteien im Parlament und deutsche Zeitungen. Es herrschte komplette Freiheit. Im Sudetenland waren sie nicht die Minderheit, sie waren gegenüber den Tschechen und den Juden in der Überzahl. Da gab es die Partei von dem Henlein, der im Sudetenland geboren ist. Der war sehr militant. Mit ihm fing es an! Er plädierte dafür, das Sudetenland Deutschland anzuschließen.

Es gab zwei Staatsführer, den französischen Ministerpräsidenten und den englischen Premierminister Chamberlain, die unbedingt Frieden wollten. Hitler hatte verkündet, dass er den Krieg beginnen wird, wenn er

das Sudetenland nicht bekommen würde. Wenn er es bekäme, versprach er, dass er an die Tschechoslowakei keine Ansprüche mehr haben werde. Es kam zur Münchner Konferenz im September 1938, wo man einen Kontrakt unterschrieb, dass die Tschechen das Sudetenland abgeben – und Hitler verpflichtete sich, dass er keine weiteren Ansprüche stellen werde. Wenn ich heute im Alter zurückschaue, habe ich das Gefühl, dass Hitler, als er unterschrieb, schon genau wusste, dass er sich daran nicht halten würde.

Die Tschechen gaben das Sudetenland ab.

FÜR DEN FRIEDEN TUT MAN EINIGES

Die Juden flohen und ließen ihr Hab und Gut zurück. Die tschechische Kulturgemeinde half ihnen, sie erhielten auch Arbeitsplätze. Man hatte gehofft, dass danach Frieden herrschen würde.

Aber es vergingen nur einige Monate – am 15. März 1939 wurde die Nachricht gesendet, sehr früh am Morgen. Es wurde uns gesagt, dass die Nazis bereits in Prag seien, ohne dass ein Schuss gefallen war!

Zuerst wurde aus Böhmen und Mähren ein „Protektorat“, eine Puppenregierung mit einem Deutschen an der Spitze. Der erste war der Gouverneur Neurath. Danach kam der Heydrich, der 1942 umgebracht wurde.

Die Juden aus Böhmen und Mähren waren wohlhabende Bürger. Sie waren reich, aber nicht alle waren Millionäre. Zuerst wurden alle jüdischen Konten eingefroren.
Wir konnten mit unserem Geld nichts mehr anfangen.

Alle waren plötzlich ohne Arbeit. Alle im Protektorat mussten eine neue Identitätskarte haben.
In dem Dokument war ein großes "J" für Jude eingedruckt.

Die Deutschen gaben uns einmal im Monat eine bestimmte Summe, von der wir quasi so leben konnten. Das war der erste Schritt. Der zweite Schritt war, dass alle Juden ihren Arbeitsplatz verloren. Auch diejenigen, die eigene Geschäfte, Kanzleien oder eine Privatklinik hatten.

Das war alles noch vor dem Krieg.
Später durften wir nicht mehr ins Theater und ins Kino gehen.
In verschiedenen Straßen und in der Tram-Bahn stand:
"Juden und Hunde kein Zutritt!"
Man hat sich einfach daran gehalten.

Das war auch richtig, man sollte kein Held sein, Heldentum führte zur Gestapo. Nicht nur einen selbst, sondern die ganze Familie.

Alle bekamen bestimmte Lebensmittelmarken.

Wir mussten unsere Radios abgeben, Gold, Silber, Pelzmäntel, Hunde und Katzen. Ich hatte einen Kanarienvogel, den ich auch abgeben musste.

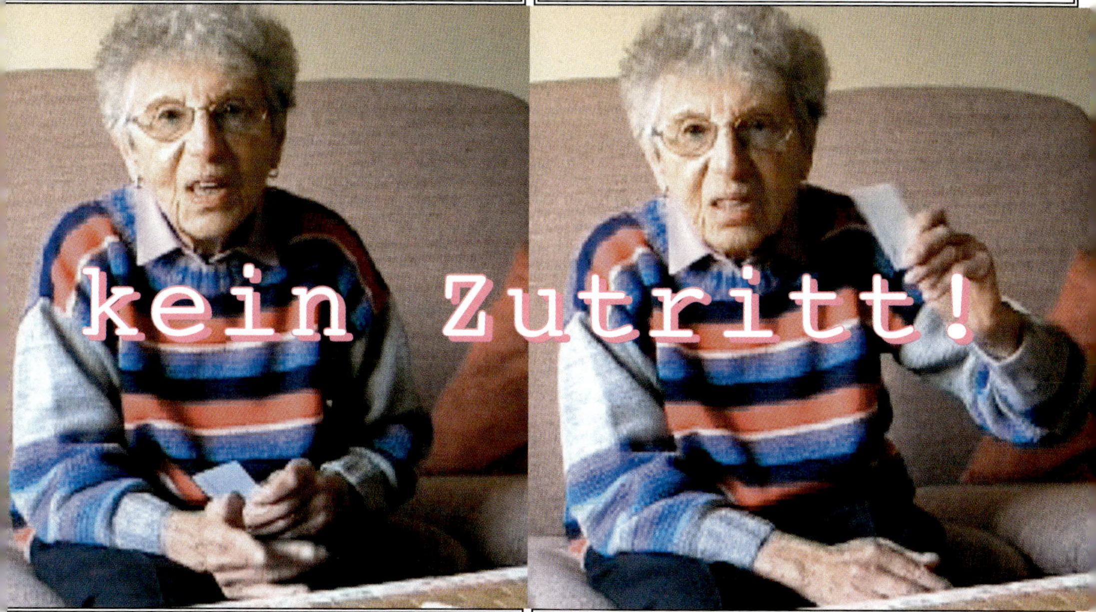

Die Juden bekamen nur Brot, Kartoffeln und Milch, und das konnten sie auch nur zu bestimmten Zeiten einkaufen, zwischen sechs und sieben Uhr abends, wenn die Läden bereits schlossen.
Es passierte oft, dass dann schon nichts mehr da war.

Auch Sportgeräte wie Skier und Schlittschuhe. Alles musste abgegeben werden gegen ein Dokument. Wir sind ein optimistisches Volk, nach jeder dieser Aktionen haben wir gesagt:

"Also wenn es dabei bleibt, dann ist es kein Problem für uns."

Als die Deutschen in die Tschechei kamen, war ich dreizehn Jahre alt, in der dritten Klasse des Gymnasiums.

Diese Klasse konnte ich noch fertig machen, von März bis Juni.

Es war ein normales Gymnasium, in jeder Klasse gab es ein paar Juden.

Wir wurden zum Direktor gerufen.
Er sagte uns:

"Nächstes Jahr könnt ihr hier nicht mehr lernen. Mit Ende des Schuljahres ist Schluss!"

Dann kam der 1. September 1939, und die Deutschen haben gegen Polen den Krieg begonnen.

Wir konnten nicht wissen, was sich in Polen abspielt.

Wir konnten keine Nachrichten hören und hatten keine Zeitungen.

Wir wussten nur, dass die Deutschen große Siege erkämpft hatten und eine Stadt nach der anderen eroberten.

Was wir nicht wussten, war, dass sie sofort in jeder Stadt und in jedem Städtchen Ghettos einrichteten.

So kam es, dass im Herbst 1941 5000 Juden aus Prag ins Ghetto nach Lodsch geschickt wurden.

Von diesen 5000 Juden sind nicht viele am Leben geblieben.

MONTAG, 30. AUGUST 2004 7

reportage

DE DAS GHETTO VON ŁÓDŹ LIQUIDIERT

ergessen, beteuert der Bürgermeister von Łódź. Doch bisher hat ihn
n interessiert. Das neue Mahnmal, das an ein Krematorium erinnert,
Łódź galt als antisemitisch und erkundet endlich die Vergangenheit

kt das Ghetto

PRÄSIDENTEN SAGTEN AB

Der Bahnhof Radegast lag im nordöstlichen Teil des Ghettos von Lodsch. Während zunächst gut 6000 Waggons jährlich mit Fracht von jüdischen Zwangsarbeitern be- und entladen wurden, (Lebensmittel und Rohstoffe kamen ins Ghetto – fertige Produkte aus den Lagerfabriken wurden verschickt) nutzten die Deutschen Besetzer den Bahnhof ab 1941 zunehmend, um Juden aus Polen, Deutschland, Österreich, Luxemburg und der damaligen Tschechoslowakei in die Todeslager Chelmno, Nerem und Auschwitz zu transportieren. Diesen geschätzten 200000 Gefangenen ist das heutige Mahnmal "Bahnhof Radegast" gewidmet.

Deutsche
Reichsbahn

Radegast

לא תרצח
NIE ZABIJAJ
THOU SHALT NOT KIL
Centra
NIEZAWODNE AKUMULATORY

Radegast

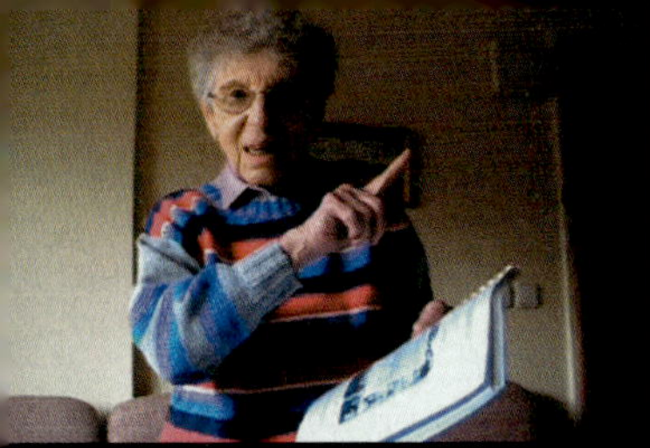

Sofort danach haben die Deutschen ein Ghetto im Protektorat gegründet, sechzig Kilometer nördlich von Prag, in Theresienstadt.

Das hat ihnen gut
dort viel Militär
wenige Zivilisten.
mit einigen Eingän
sperren. Dorthin h
gebracht. Theresie
wenn man es mit Gh

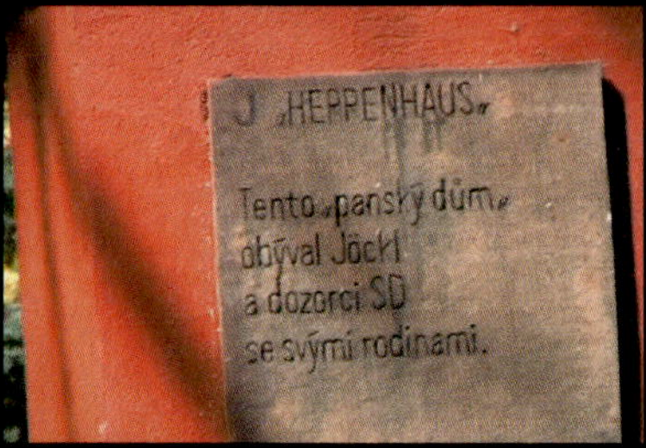

und Jugendhäuser. Es waren dort auch Häuser für alte Leute.
Es gab keine hungernden Menschen auf den Straßen,

die bettelten. Es gab keine Toten in d
Kranken wurden behandelt.
Es gab eine Zentralküche, wo die Mensc
Männer und Frauen haben getrennt gewoh
turelle Veranstaltungen wie Oper, Oper
Kabarett und Vorträge auf hohem Niveau
und gehofft – sechzig Kilometer weit w

sst. Es gab dort viele Kasernen, weil
ioniert war, und es wohnten dort nur
resienstadt war eine richtige Festung
also man konnte dort gut Leute ein-
an sämtliche Juden aus dem Protektorat
dt war ein außergewöhnliches Ghetto,
s in Polen vergleicht.

Es gab dort eine Selbstverwaltung. Dort waren Menschen, die arbeiten mussten. Es gab Kinderhäuser, Säuglingshäuser

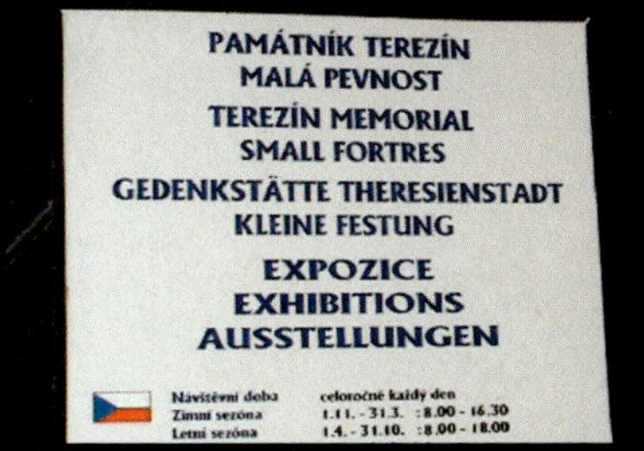

raßen, und die

ssen bekamen.
s gab viele kul-
Konzerte,
hat dort gelebt
n zu Hause.

Man ist immer ein Mensch geblieben. Man hat nie gestohlen, höchstens von den Nazis, aber man durfte sich nicht erwischen lassen.
Es war nicht einfach.
Zeitweise waren dort 50000 bis 80000 Zivilisten.

Hinrichtungsplatz
in der kleinen Festung

Hus, Huß, Jan (Johannes), tschechischer Kirchenreformer, geb. Husinec (S-Böhmen) um 1370, gest. (verbrannt) Konstanz 6.7.1415. Da er sich dem Konzil nicht unterwerfen wollte, **als Ketzer verbrannt;** er wurde zum Nationalhelden und Märtyrer der Tschechen. (s. Hussiten)

Im Januar 1942 sind dann die „Transporte nach Osten" abgegangen. Das war nach der

WANNSEE-KONFERENZ

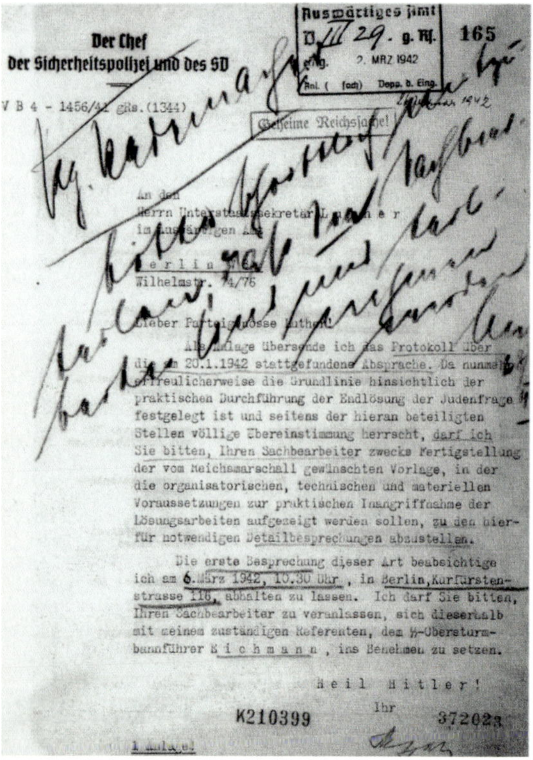

Der Chef
Der Sicherheitspolizei und des SD

Auswärtiges Amt
D III 29. g. Rs.
Eing. 2. MRZ 1942
Anl. (fach) Dopp. d. Eing.

165

IV B 4 - 1456/41 gRs.(1344)

Geheime Reichssache!

An den
Herrn Unterstaatssekretär L u t h e r
im Auswärtigen Amt

B e r l i n W 8
Wilhelmstr. 74/76

Lieber Parteigenosse Luther!

Als Anlage übersende ich das Protokoll über die am 20.1.1942 stattgefundene Absprache. Da nunmehr erfreulicherweise die Grundlinie hinsichtlich der praktischen Durchführung der Endlösung der Judenfrage festgelegt ist und seitens der hieran beteiligten Stellen völlige Übereinstimmung herrscht, darf ich Sie bitten, Ihren Sachbearbeiter zwecks Fertigstellung der vom Reichsmarschall gewünschten Vorlage, in der die organisatorischen, technischen und materiellen Voraussetzungen zur praktischen Inangriffnahme der Lösungsarbeiten aufgezeigt werden sollen, zu den hierfür notwendigen Detailbesprechungen abzustellen.

Die erste Besprechung dieser Art beabsichtige ich am 6. März 1942, 10.30 Uhr, in Berlin, Kurfürstenstrasse 116, abhalten zu lassen. Ich darf Sie bitten, Ihren Sachbearbeiter zu veranlassen, sich dieserhalb mit meinem zuständigen Referenten, dem SS-Obersturmbannführer E i c h m a n n, ins Benehmen zu setzen.

H e i l H i t l e r !
Ihr

K210399 372023

1 Anlage!

auf der die

DER JUDEN

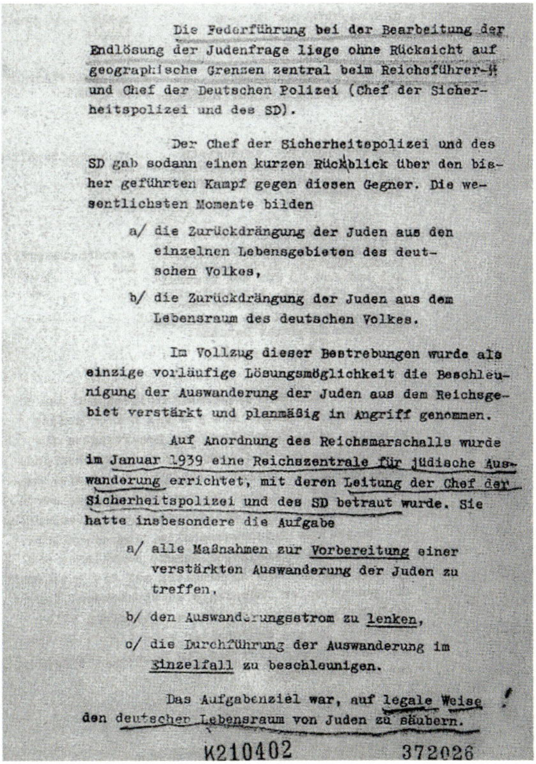

Die Federführung bei der Bearbeitung der Endlösung der Judenfrage liege ohne Rücksicht auf geographische Grenzen zentral beim Reichsführer-SS und Chef der Deutschen Polizei (Chef der Sicherheitspolizei und des SD).

Der Chef der Sicherheitspolizei und des SD gab sodann einen kurzen Rückblick über den bisher geführten Kampf gegen diesen Gegner. Die wesentlichsten Momente bilden

a/ die Zurückdrängung der Juden aus den einzelnen Lebensgebieten des deutschen Volkes,

b/ die Zurückdrängung der Juden aus dem Lebensraum des deutschen Volkes.

Im Vollzug dieser Bestrebungen wurde als einzige vorläufige Lösungsmöglichkeit die Beschleunigung der Auswanderung der Juden aus dem Reichsgebiet verstärkt und planmäßig in Angriff genommen.

Auf Anordnung des Reichsmarschalls wurde im Januar 1939 eine Reichszentrale für jüdische Auswanderung errichtet, mit deren Leitung der Chef der Sicherheitspolizei und des SD betraut wurde. Sie hatte insbesondere die Aufgabe

a/ alle Maßnahmen zur Vorbereitung einer verstärkten Auswanderung der Juden zu treffen,

b/ den Auswanderungsstrom zu lenken,

c/ die Durchführung der Auswanderung im Einzelfall zu beschleunigen.

Das Aufgabenziel war, auf legale Weise den deutschen Lebensraum von Juden zu säubern. !

K210402 372026

ENDLÖSUNG“
beschlossen wurde.

Es war klar, dass mit Osten Polen gemeint war, aber was dort stattfinden würde, hat niemand von uns gewusst. Man hatte immer Angst vor diesen Transporten. Wenn man eine Arbeit hatte, die wichtig für die Nazis war, war man einigermaßen sicher davor, mit einem Transport weggeschickt zu werden.

Im Juli 1942 wurde meine Mutter mit meiner kleinen Schwester nach Theresienstadt geschickt. Ich war jetzt sechzehn Jahre alt und blieb bei meinem Vater. Wir bekamen zwei Postkarten von ihnen.
Im November 1942 bekam ich eine Aufforderung, mich zu einem Transport zu melden. Mein Vater blieb noch in Prag. Mit der Vorladung wurde auch eine Fahrkarte geschickt. Man durfte zwanzig Kilo Gepäck mitnehmen, einige Kleider und etwas zu essen, auch ein Buch.

Die Bahn ging noch nicht ganz bis Theresienstadt, sondern nur bis zu einem Ort vier Kilometer entfernt.

Wir mussten von dort das Gepäck schleppen bis nach Theresienstadt.

Ich war allein und ließ meine Sachen zurück.

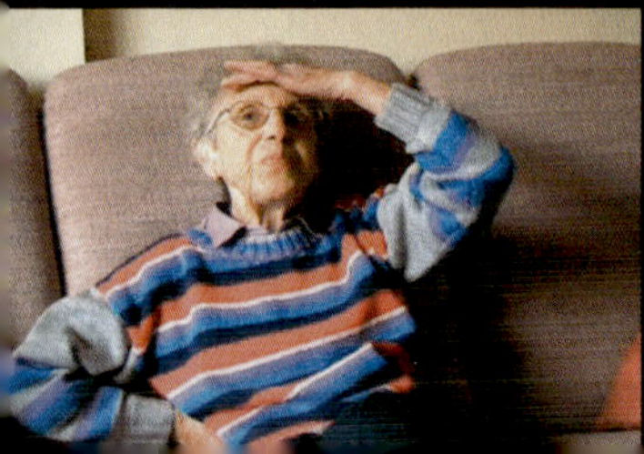

Ich suchte meine Mutter und fand sie in einem großen Raum mit vielen Frauen. Die Betten standen in Reihen nebeneinander.

Ich bekam auch eine Matratze.
Meine erste Arbeit war im Kindergarten. Obwohl ich Kinder sehr gerne habe, war

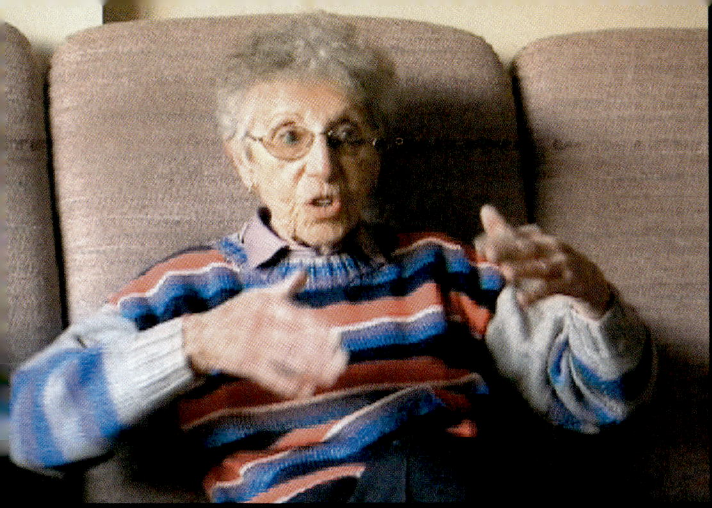

mir sehr schnell klar, dass das keine Arbeit für mich ist, weil es sehr schwer war.

Die Pflegerinnen haben mit den Kindern gegessen, und wenn die Kinder ihr Essen aufgegessen hatten, schauten sie mit ihren hungrigen Augen auf unsere Teller.

Außerdem gab es Krankheiten, und es gab keine Medikamente. Ein Kind, das Fieber hat und leidet, das konnte ich nicht mit ansehen.

Ich war sechzehn und eigentlich auch noch ein Kind. Ich konnte das nicht aushalten.

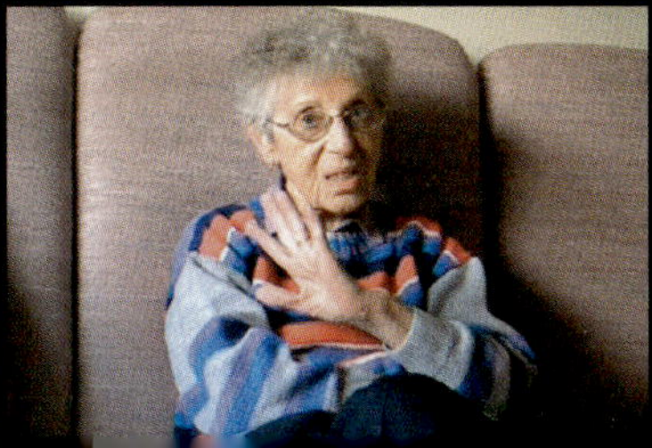

So habe ich versucht, eine andere Arbeit zu finden. Im Ghetto Theresienstadt konnte man kein Geld verdienen, man bekam Essen.
Ich habe dann in der Wäscherei gearbeitet, wo auch meine Mutter war. Es gab drei Schichten, und weil es sehr schwere Arbeit war, bekamen wir noch ein Stückchen Brot und Margarine extra. Außerdem habe ich einen Bäcker kennengelernt und einen Koch. Für diese zwei Männer haben wir über Nacht die Wäsche fertig gemacht. Dafür bekamen wir ein Stückchen Brot und gekochte Kartoffeln. Das war für uns ein Vermögen. Als mein Vater dann im Februar 1943 auch ins Ghetto kam, befanden wir uns in einer guten Situation. Die ganze Zeit über sind Transporte in den Osten abgegangen.

Wir hatten Angst, aber wir wussten nicht, wohin die Transporte gingen. Man hat in Theresienstadt gelebt, hat gearbeitet, man hat auch geliebt. Die Kulturveranstaltungen konnte man genießen. Wir haben immer gehofft, dass es bald zu Ende sein würde.
Im Juni 1944 sollte eine Internationale Kommission des Roten Kreuzes nach Theresienstadt kommen. Da haben die Nazis eine riesige Show gemacht. Aber bevor sie damit begonnen haben, ist der größte Transport, der je abgegangen ist zwischen 1941 und 1945, nach Osten geschickt worden, bestehend aus 7500 Menschen - Invalide, Alte und Kranke. Viele hatten Söhne und Töchter, die mit ihren Verwandten gehen wollten.

Die meisten kamen nicht mit in dem Transport, sie waren jung, sie waren schön, und die Nazis wollten sie im Ghetto behalten.
Ich spreche darüber vor allem, weil es mir persönlich etwas bedeutet. Ich hatte mich in Theresienstadt verliebt. So eine Liebe, wie es sie nur einmal gibt im Leben. Die Eltern meines Geliebten waren in diesem Transport, und er hat sich selbstverständlich ihnen angeschlossen.
Obwohl ich sehr traurig war, wusste ich, dass ich ihn aus moralischen Gründen nicht überreden konnte, bei mir zu bleiben. Sein Platz war wirklich bei seinen Eltern.

Und er ist gegangen, und er ist nicht zurückgekommen!

Nach diesem riesengroßen Transport hat man begonnen, die Stadt zu verschönern. Man hat eine Bank eröffnet, man hat Geschäfte aufgemacht mit Sachen, die man uns von unseren zwanzig Kilo Gepäck genommen hatte. Und man hat ein Kaffeehaus eröffnet - da hatte jeder von uns einen Zettel erhalten, dafür konnte man dort eine Stunde sitzen und etwas Schwarzes trinken, was wirklich kein Kaffee war. Am Ring, wohin man sonst nicht gehen durfte, hat man einen Pavillon gebaut mit Musik den ganzen Tag. Man hat zwei Straßenzüge schön weiß angemalt, die Häuser von außen und innen. Wir haben geglaubt, dass wenn Menschen aus der freien Welt kommen, sie das natürlich durchschauen würden, dass das eine Show ist.

Die Herren sind gekommen und sind durch diese zwei verschönerten Straßen gegangen, wie die Kommandantur das alles für sie hingestellt hat. Sie kamen zu einer Gruppe von kleinen Kindern. Diese Kinder bekamen in dem Moment ein Stück Brot mit Sardinen zu essen, und sie sagten:

"Oh, wieder Sardinen!"

Dabei hatten diese Kinder in ihrem ganzen kurzen Leben noch keine Sardinen gesehen. Die Leute von dem Kommitee haben ein Gutachten geschrieben, das man heute noch finden kann in den Archiven. Sie schrieben:

„Es ist Krieg, Menschen werden getötet, nicht nur Soldaten, auch Bombenopfer, und Hitler hat den Juden ein Städtchen gegeben, wo sie glücklich leben können!"

och 1944 sollte Theresienstadt ein Schaufenster sein für ie freie Welt, dass man mit den Juden gut umgeht. Aber das aben wir damals nicht gewusst, wir erfuhren es erst nach em Krieg.

Das Bassin wurde 1942 als Feuerlöschbecken angelegt und diente den Familien der Aufseher als Badegelegenheit. Den Bau hatten Studenten aus Roudnice und jüdische Gefangene ausgeführt, die während der Arbeit gequält und erschlagen wurden.

ieses Gutachten hatte den Nazis grünes Licht egeben, dass sie noch mehr und noch stärker hre Sache vorantreiben konnten, weil es nieanden interessierte. Zu der Zeit haben die azis in Auschwitz-Birkenau noch drei Transorte in Familienlagern gehalten, vielleicht eil sie doch Angst hatten, dass jemand fragen önnte, wo diese Menschen sind, die aus Thereienstadt abtransportiert worden sind. Aber es ragte keiner, und so wurden sie alle vergast.

as war alles ein riesiger Bluff von den Nazis.

Im September 1944 begannen die Transporte aufs Neue. Es war die Liquidierung von Theresienstadt. Dort sind nur wenige Menschen geblieben. Zweimal wöchentlich ging ein Transport ab. Am 15. Oktober habe ich den Zettel bekommen, dass ich mit dem nächsten Transport mit sollte. Ich bin zu dem Chef der Wäscherei gegangen, weil wir viel für die Deutschen

Wir sind in einen Personenwaggon eingestiegen im Unterschied zu den Viehwagen, die vorher benutzt wurden.

ewaschen haben, mehr als für das Ghetto. Also habe ch ihn gebeten, ob er etwas machen kann. Er hat es ir versprochen. Aber drei Stunden später wusste ich chon, dass meine Eltern und meine Schwester in dem leichen Transport sein würden. Selbstverständlich habe ch dann gesagt, dass ich auf jeden Fall gehe.

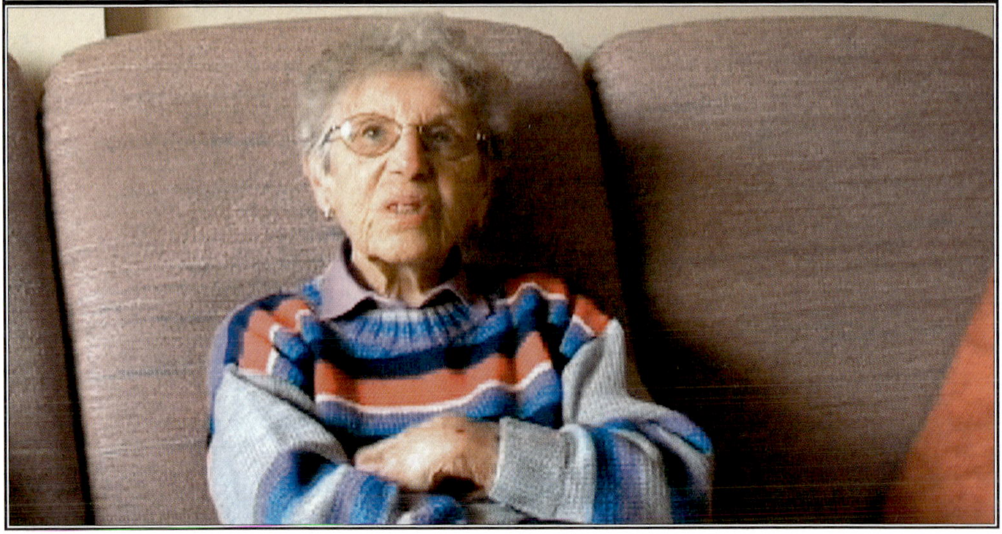

"Auschwitz"

Appell neu angekommener, weiblicher Häftlinge im Lager BIIc.

A roll-call of newly arrived women prisoners in the camp BIIc.

Wir waren viele in einem Waggon. Einer hatte gesehen, dass irgendwo der Name Auschwitz geschrieben stand. Keiner hatte jedoch gewusst, was es bedeutet, nach Auschwitz transportiert zu werden. Wir sind so zirka zweieinhalb Tage gefahren. Wir kamen an um Mitternacht. Plötzlich hat der Zug gestoppt. Alles war mit riesigen Scheinwerfern beleuchtet, hell wie Tageslicht. Es gab Geschrei und Hundegebell, und die Türen wurden von außen geöffnet: **"Alles raus! Frauen extra, Männer extra! Alles zurücklassen!"** Wir hatten ja nicht mehr viel, aber trotzdem ... Wir hatten keine Ahnung, was mit uns geschehen würde. Wir konnten noch ganz schnell unserem Vater sagen, dass wir uns nach dem Krieg bei unseren Nachbarn treffen werden.

Von dem Moment an habe ich ihn nicht wiedergesehen!

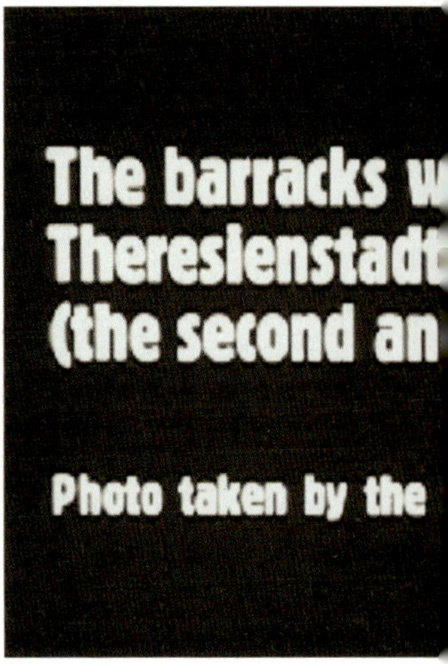

Wir waren jetzt drei, meine Mutter, meine Schwester und ich. Wir mussten vor dem Doktor Mengele antreten. Meine Mutter war 42, normalerweise ist eine Frau in dem Alter in der Blüte des Lebens, nicht aber meine Mutter. Sie hatte schon vieles mitgemacht. Aber trotzdem sagte sie: „Ich bin stark, und ich kann arbeiten."

Und meine vierzehnjährige Schwester hat gesagt, sie sei sechzehn. Wir sind nach rechts gegangen, das heißt, gerannt ... in Auschwitz-Birkenau ist man nur gerannt. Wir sind in eine große Halle gekommen. Man hat uns gesagt, dass wir uns ausziehen sollen.

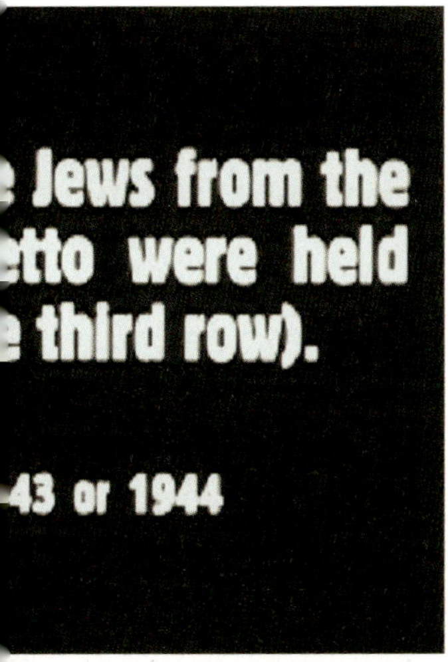

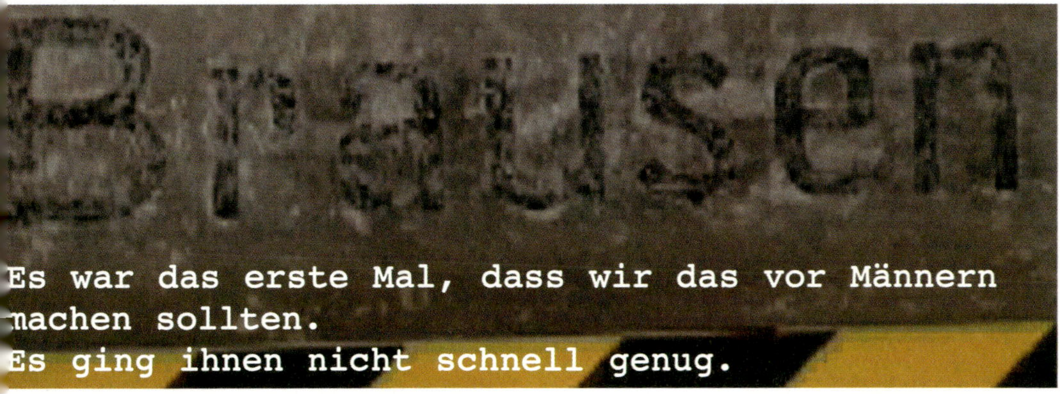

Es war das erste Mal, dass wir das vor Männern
machen sollten.
Es ging ihnen nicht schnell genug.

ls wir sahen, dass die Menschen rechts und links von ns geschlagen wurden, beeilten wir uns. Man lernt as sehr schnell ... Man hat uns durch fließendes asser geschickt in eine andere riesige Halle.

s war schon Mitte Oktober, und in Polen war s sehr kalt. Wir waren nackt.

Uns wurden die Haare geschoren,

Der Tag in Birkenau verlief so – noch in der Nacht, ganz früh am Morgen, traten wir an zum Appell, draußen. Es war kalt, wir hatten nicht viel an, und es regnete, wir standen dort stundenlang.

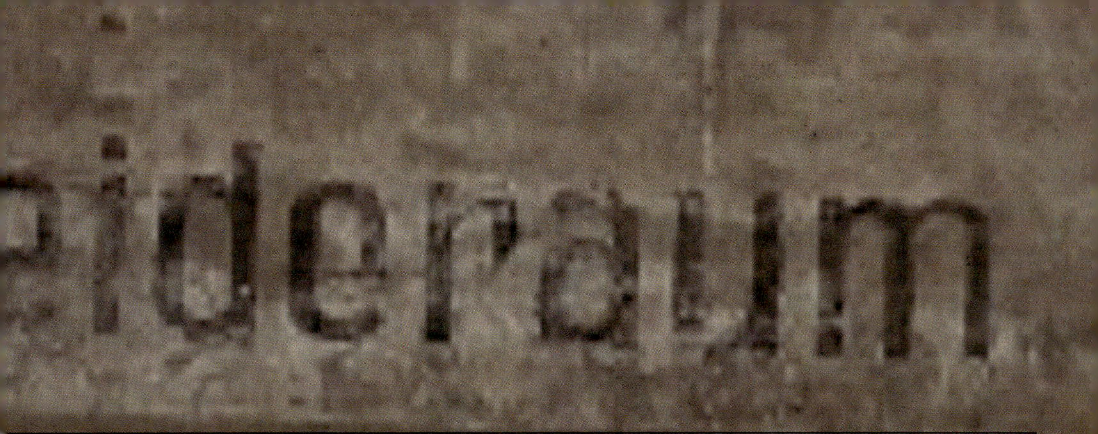

und jeder hat ein Kleidungsstück bekommen und Holzschuhe. Wir sind dann in einen Block gekommen, wo schon Mädchen waren, wie wir ohne Haare. Die haben Ungarisch gesprochen. Wir sprachen Deutsch und Tschechisch. Sie sahen noch wie Frauen aus im Gegensatz zu uns – sie hatten noch vorher ein gutes Leben gehabt, wie sich herausstellte. Wir waren schon jahrelang unterernährt und sahen aus wie ein Stück Holz. Es gab dreistöckige Pritschen ohne Matratzen, ohne alles ...

צריף במחנה נשים בירקנאו
One of the huts in Birkenau women camp

Das passierte nicht, weil die Nazis nicht zählen konnten – es ging darum, die Menschen zu brechen.
Einmal am Tag ging man auf die Latrine, einmal am Tag bekam man etwas zu essen, das sollte eine Suppe sein, war aber weit entfernt davon. Ein Topf war für drei zum Trinken, Löffel gab es nicht.

Also haben wir zu dritt, meine Mutter, meine Schwester und ich, daraus getrunken.
Man musste immer auf seiner Pritsche sein. Diejenigen, die oben lagen, konnten ein bisschen hinausschauen, durch so etwas wie ein Fenster. Da konnte man die Schornsteine sehen, die Tag und Nacht schwarzen Rauch ausstießen. Auch war über dem ganzen Lager ein bestimmter Rauch, dessen Geruch uns nicht bekannt war.

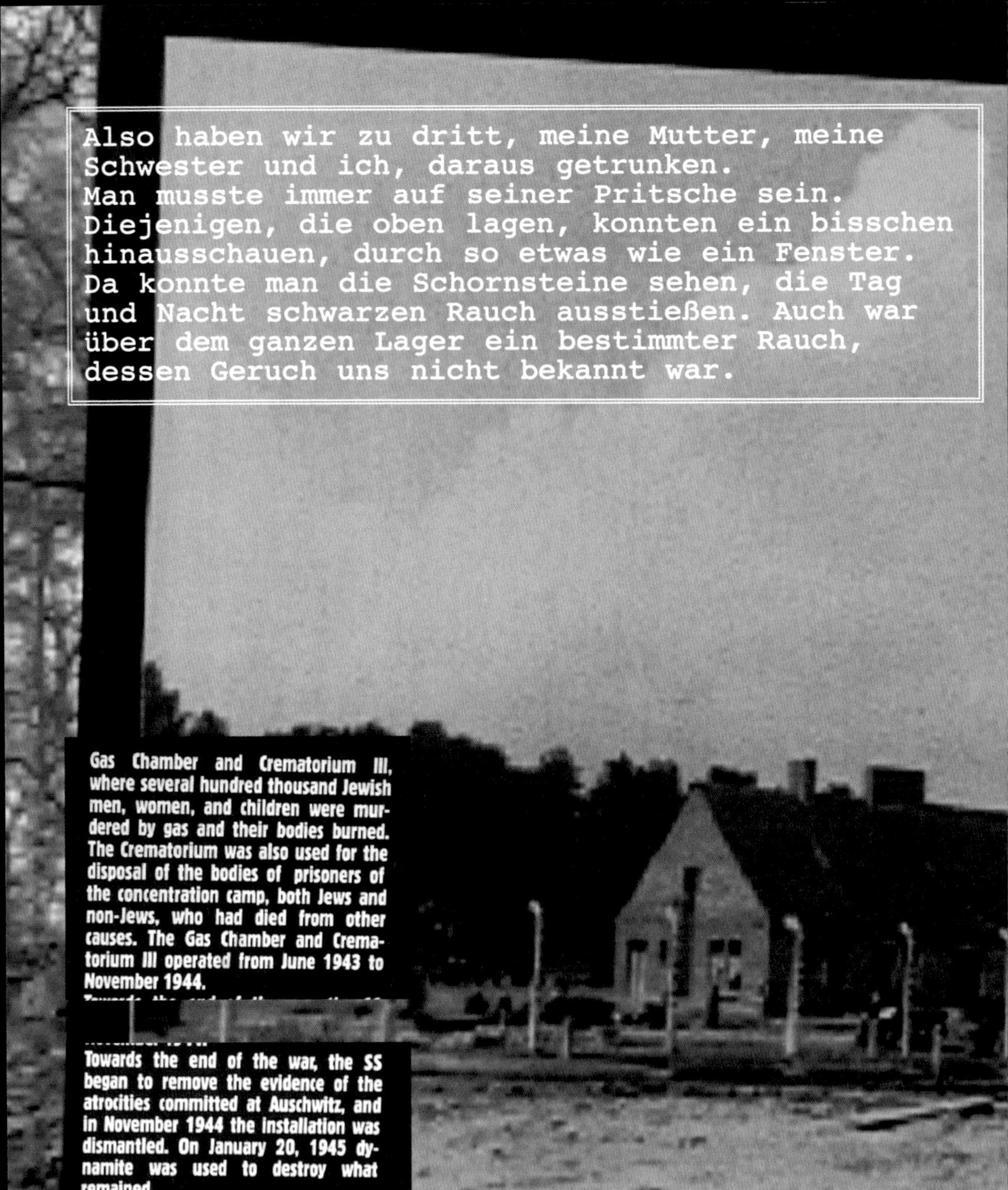

Gas Chamber and Crematorium III, where several hundred thousand Jewish men, women, and children were murdered by gas and their bodies burned. The Crematorium was also used for the disposal of the bodies of prisoners of the concentration camp, both Jews and non-Jews, who had died from other causes. The Gas Chamber and Crematorium III operated from June 1943 to November 1944.

Towards the end of the war, the SS began to remove the evidence of the atrocities committed at Auschwitz, and in November 1944 the installation was dismantled. On January 20, 1945 dynamite was used to destroy what remained.

ZAKAZ WCHODZENIA
NA RUINY
KEEP OFF THE RUINS

Wir kamen doch aus einer großen Stadt und kannten den Rauch aus den Heizöfen, wir wussten, was Rauch ist. Aber das war ein ganz anderer Rauch, den wir nicht kannten. Wenn man etwas nicht weiß, hat man Angst.

Wir haben nicht gewusst, woher der Rauch kam.

Gaskammer und Krematorium III, wo mehrere hunderttausend jüdische Männer, Frauen und Kinder mit Gas ermordet und ihre Leichen verbrannt wurden. Das Krematorium wurde auch zur Entsorgung der Leichen anderer Gefangener des Lagers, beides, Juden und Nicht-Juden, die an anderen Ursachen gestorben waren, genutzt. Die Gaskammer und das Krematorium III liefen von Juni 1943 bis November 1944.

Gegen Ende des Krieges begann die SS die Beweise für die in Auschwitz verübten Grausamkeiten zu entfernen, und im November 1944 wurde die Anlage zerlegt. Am 20. Januar 1944 wurde Dynamit benutzt, um die verbliebenen Reste zu zerstören.

Wir waren zirka zehn Tage in diesem Block. Eines Nachts – die Nazis haben immer alles in der Nacht gemacht, denn wenn man schon Angst hat, hat man doppelt Angst in der Nacht – hat man uns aus diesem Block geholt, gezählt und in das andere Lager neben Birkenau gebracht (es gab dort zwei Lager). Und wieder standen wir bis zum frühen Morgen,

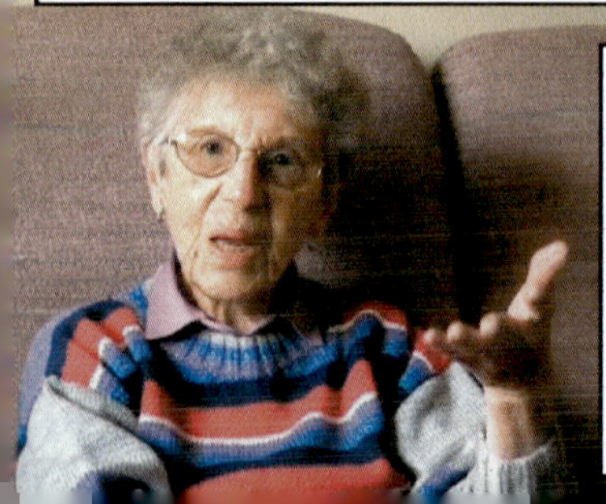

wieder die gleiche Prozedur, außer dem Rasieren der Köpfe. Man hat uns andere Kleidung gegeben, man hat uns zwei Schuhe gegeben, es war niemals ein zusammengehörendes Paar, wenn jemand einen rechten und linken Schuh erhalten hatte, dann war er schon glücklich.

Man hat es genommen, wie es kam. Wir haben dann zwei bis drei Tage dort gesessen, einer zwischen den Beinen des anderen.
Nicht mal die Suppe haben wir bekommen. In der Nacht mussten wir wieder in einen Zug steigen. Da gab es Fenster, man konnte die Schornsteine sehen mit dem schwarzen Rauch.

Ich weiß noch, als der Zug losfuhr,

habe ich angefangen zu weinen. Ich spürte, dass es der endgültige Abschied von meinem Vater war.

Später habe ich nach meinem Vater geforscht. Ich erfuhr, dass mein Vater gleich an der Rampe, bei der Selektion, nicht durchgekommen ist.

Das heißt, als wir weggefahren sind, war er schon nicht mehr am Leben.

Wir sind also gefahren, ich habe keine Ahnung, wie lange. Wir sind irgendwann in einem Dorf stehen geblieben. Man hat uns vom Zug heruntergeholt.
Die Dorfleute haben uns angeschaut wie, als wenn wir vom Himmel gefallen wären. Wir waren sehr merkwürdige Wesen. Man hat uns in eine riesige Scheune gebracht, wir waren 1000 Mädchen und junge Frauen.
Wir waren jetzt in einem Arbeitslager, dort haben wir von nachts bis nachts gearbeitet.
Zu unserem Glück hatten wir einen wunderbaren Kommandanten.
Der war ein alter Offizier, und er war sehr nett.

Seine Appelle waren sehr kurz. Er hat uns auch Kleidung beschafft. Dort waren wir zirka drei Monate. In einer Nacht - es war schon Ende Dezember 1944 oder **Anfang Januar 1945 – haben wir, als wir zur Latrine gegangen waren, von weitem die Kanonen gehört und gesehen. Wir wussten, dass die Russen nicht mehr weit sein konnten.** In dieser Nacht hat niemand mehr geschlafen, es herrschte große Euphorie. Wir warteten darauf, dass die Russen uns noch vor dem Morgen befreien würden.

Leider waren das nur Träume!

Um Mitternacht haben sie uns rausgeholt, gezählt, und diesmal ging es Richtung Westen. *Wir gingen zu Fuß, im hohen Schnee, manchmal auf spiegelglatter Straße.* Meine Schwester, meine Mutter und ich gingen zusammen. Jeder hat den anderen gestützt. Wenn jemand hingefallen war, war es für ihn zu Ende. Wir sind ungefähr zehn Tage so gegangen, fast ohne Essen, fast ohne eine Möglichkeit zum Ausruhen. Wir sind bis zum KZ Groß-Rosen gekommen. Da waren sehr viele Menschen, aus allen Arbeitslagern sind die

Wahrscheinlich waren die Russen schon sehr nahe.

Gefangenen dorthin
geschickt worden,
Tag und Nacht.
Dort waren wir nur
sehr kurze Zeit.

Eines Morgens bekam
jeder ein Stück ge-
frorenes Brot, ein
richtiges Stück, man
hat uns auf einen
offenen Zug verladen.
Der Zug war sehr lang.

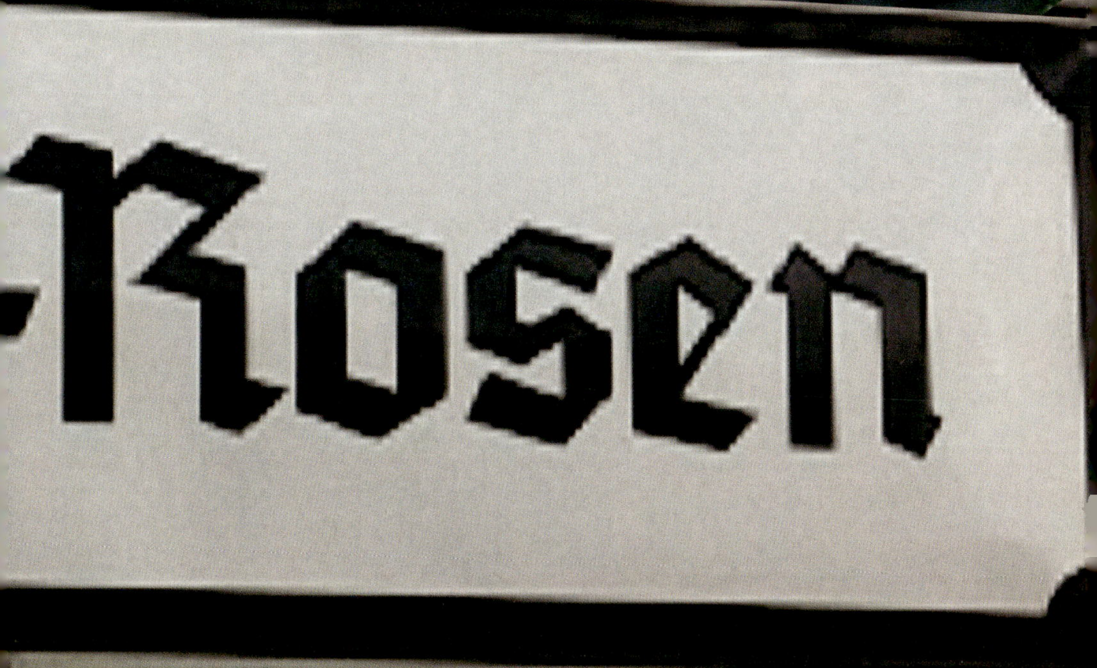

Man hat Groß-Rosen evakuiert.

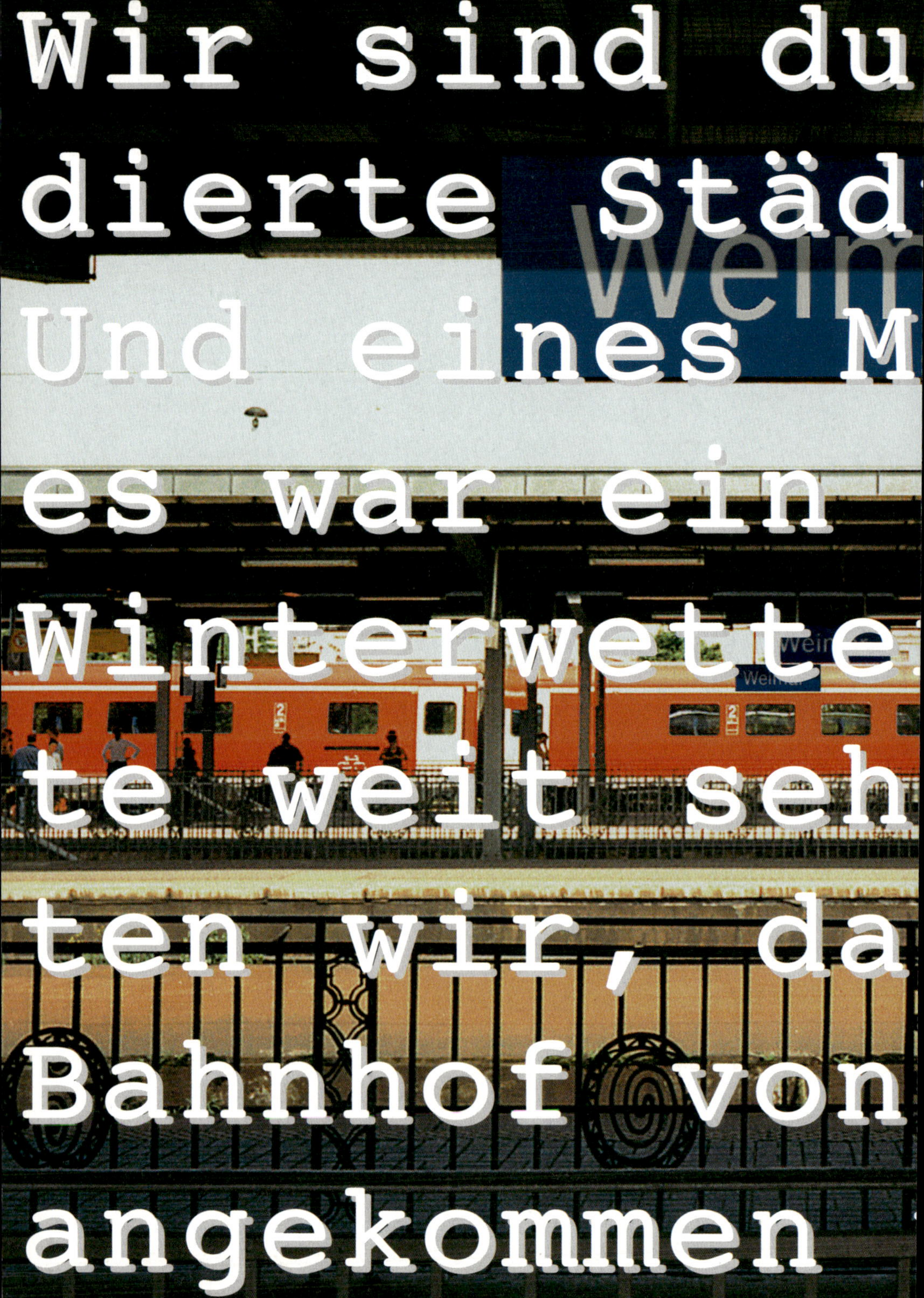
Wir sind du
dierte Städ
Und eines M
es war ein
Winterwette
te weit seh
ten wir, da
Bahnhof von
angekommen

ch bombar-
e gefahren.
rgens,
errliches
, man konn-
n, erkann-
s wir im
Weimar
aren.

Wir fuhren weiter bis zu dem Lager Bergen-Belsen. Es gab Flecktyphus und Dysenterie (Ruhr), und die Menschen sind gestorben wie die Fliegen. Ich war inzwischen vollkommen apathisch dem Tod gegenüber. Es konnte passieren, dass man mit irgendjemandem sprach, und plötzlich antwortete er nicht mehr, und wir haben gewusst, dass er nicht mehr da ist ... und wir würden nur noch

den Befehl bekommen, den Körper hinauszubringen auf irgendeinen Sammelplatz.
Es war so wie in jedem KZ-Lager, morgens früh Appell, und nachher gab es manchmal Suppe und manchmal nicht, manchmal gab es ein Stückchen Brot und manchmal nicht. Aber wir waren noch zu dritt, meine Mutter, meine Schwester und ich.

Eines Tages wurde meine Schwester schwer krank. Sie hatte Fleckfieber, Typhus, sie sprach nicht mehr, so hoch war das Fieber. Wir haben sie selbstverständlich trotzdem zum Appell mitgenommen. Einer hat vor ihr gestanden, und einer hat sie gestützt, damit sie nicht sahen, dass sie nicht alleine stehen kann. Und sie ist durchgekommen!

"Die Mädchen Frank waren schon stark abgemagert und sahen schrecklich aus. Sie zankten sich oft wegen ihrer Krankheit, denn dass sie Typhus hatten, war deutlich, das sah man, auch wenn man früher nie etwas damit zu tun gehabt hatte. Typhus war das Kennzeichen von Bergen-Belsen. Sie bekamen diese ausgehöhlten Gesichter, Haut über den Knochen. Sie froren täglich etwas schwächer. Man sah sie wirklich sterben, beide, zusammen mit den anderen. Sie waren die Jüngsten bei uns, wir anderen waren alle etwas älter. Die Erscheinungen von Typhus zeigten sich deutlich bei ihnen: das langsame Wegebben, eine Art Apathie, vermischt mit Aufleben, bis auch sie so krank wurden, dass es keine Hoffnung mehr gab.

Rachel van Amerongen-Frankfoorder über ihre Begegnung mit den Schwestern Margot und Anne Frank:

schrecklich, weil sie die ungünstigsten Plätze der Baracke hatten, an der Tür, die ständig auf und zu ging. Man hörte sie dauernd schreien: 'Tür zu, Tür zu', und diese Rufe wurden

Ihr Ende kam. Ich weiß nicht, wer eher hinausgetragen wurde, Anne oder Margot. Ich sah sie plötzlich nicht mehr, so dass ich annehmen musste, dass sie gestorben waren, besondere Aufmerksamkeit habe ich ihnen nicht geschenkt, weil so viele andere da waren, die auch starben. Als ich sie nicht mehr sah, habe ich angenommen, dass sie gestorben sind, dort unten auf dem Bett.

Eines schönen Tages waren sie nicht mehr da, eines schlechten Tages eigentlich.

Die Toten wurden immer hinausgetragen und vor die Baracke gelegt. Wenn man morgens hinausgelassen wurde, um zur Latrine zu gehen, musste man an ihnen vorbei. Das war immer

genauso schrecklich wie der Gang zur Latrine selbst, weil allmählich jeder Typhus hatte. Vor den Baracken stand eine Art Schubkarren, in den man sein Bedürfnis verrichten konnte. Manchmal musste man diese Schubkarren auch zur Latrine bringen. Das war sehr, sehr schlimm. Vermutlich bin ich auf einem dieser Gänge zur Latrine auch an den Leichen der Schwestern Frank vorbeigegangen, an einer oder an allen beiden, das weiß ich nicht. Ich habe damals angenommen, dass auch die Leichen der Mädchen Frank vor die Baracke gelegt wurden. Und dann wurden die Haufen wieder weggeräumt. Es wurde eine große Grube gegraben, da wurden sie hineingeschmissen, so kann man es wohl sagen.

Das muss ihr Schicksal gewesen sein, weil es mit anderen Menschen auch so gelaufen ist. Ich habe keinen Grund anzunehmen, dass es mit ihnen anders abgelaufen ist als mit allen anderen Frauen, die bei uns in dieser Zeit gestorben sind."

Die Nächste war unsere Mutter, die wirklich eine Heldin war die ganze Zeit. Schon bevor sie krank wurde, hatte sie mit uns darüber gesprochen, dass wir jetzt groß genug seien, sie wisse, dass Papa nicht zurückkommen werde ... das fühle sie, und sie wolle ohne ihn nicht leben. Aber wir würden uns durchsetzen. Wir haben ihr zugeredet: „Mami, es wird alles in Ordnung ... wir werden zurückkommen, und wir werden uns alle wieder treffen." Und dann ist sie krank geworden. Selbstverständlich haben wir sie auch zum Appell geschleppt ... und da ist sie eines Tages – ich habe sie gestützt, meine Schwester stand vorne –, da ist sie umgefallen, vor meinen Füßen, und ich habe gewusst, dass nichts mehr zu machen ist ... Und acht Tage danach sind die Briten gekommen! Am 15. April 1945 haben uns die Engländer befreit, genau acht Tage nachdem meine Mutter gestorben war.

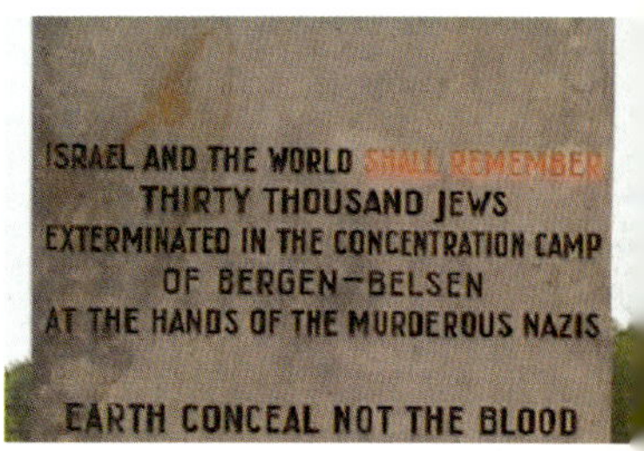

Sie liegt irgendwo dort in Bergen-Belsen auf einem der riesigen Plätze begraben, wo geschrieben steht:

„Hier liegen 5000 … 10000 … 20000 Tote."

So wie wir apathisch waren gegenüber dem Tod, waren wir komplett apathisch gegenüber unserer Befreiung. Sechs lange Jahre hatten wir große Träume, wie es sein würde, wenn wir befreit werden. Und es kam überhaupt vollkommen anders.

Wir haben kaum noch gelebt. Wenn die Engländer ein paar Tage später gekommen wären, wären meine Schwester und ich auch nicht mehr am Leben gewesen.
Die Engländer haben Berge von Toten gefunden. Sie haben sie vielleicht verbrannt, aber begraben haben sie sie nicht.
Und dann unser Anblick, wir waren halbtot.

Es wurde sehr schnell alles organisiert. Wir sind von oben bis unten mit DDT besprüht worden. 24 Stunden durften wir nicht aus der Baracke heraus. Dann ist ein anderes Team

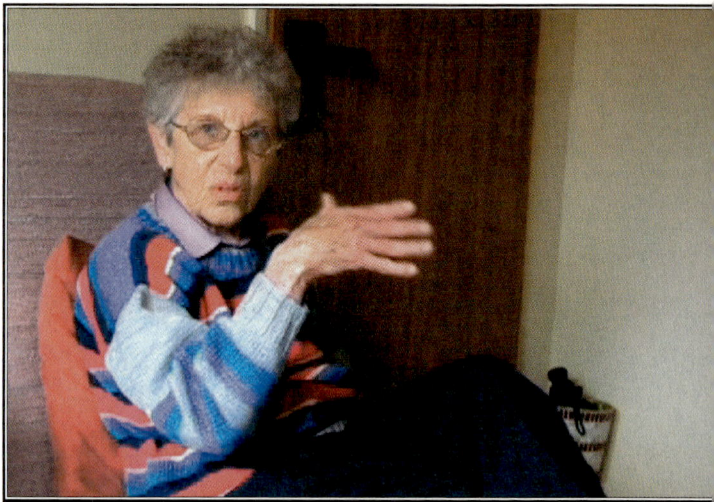

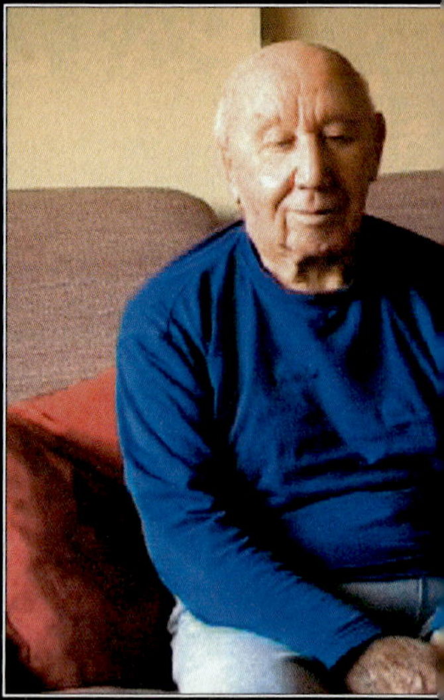

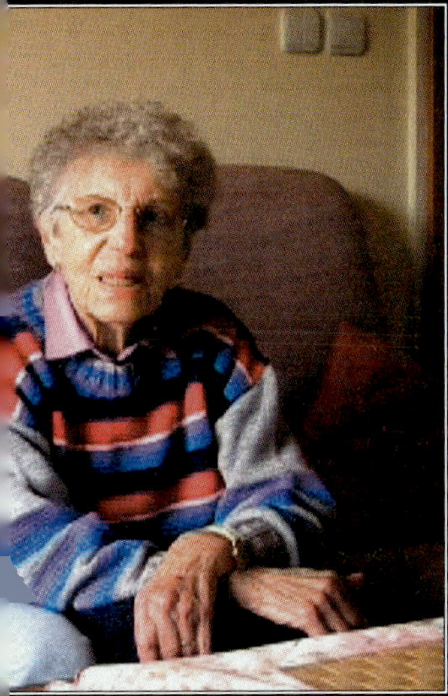

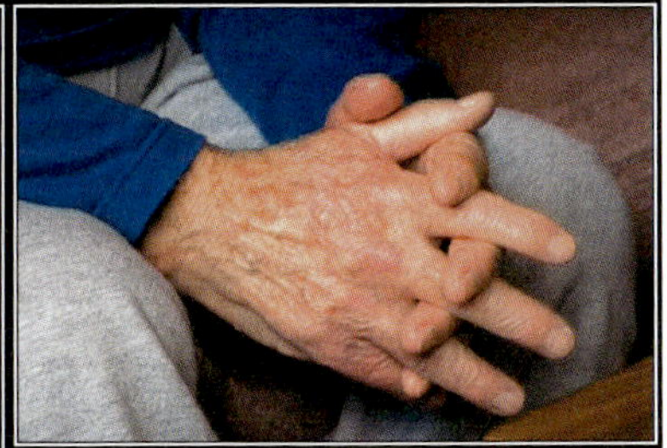

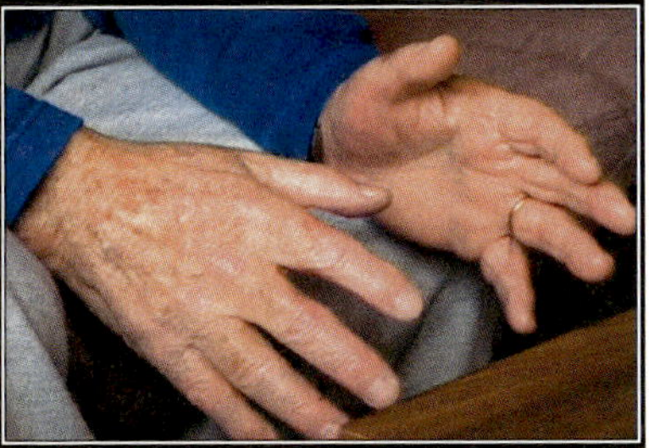

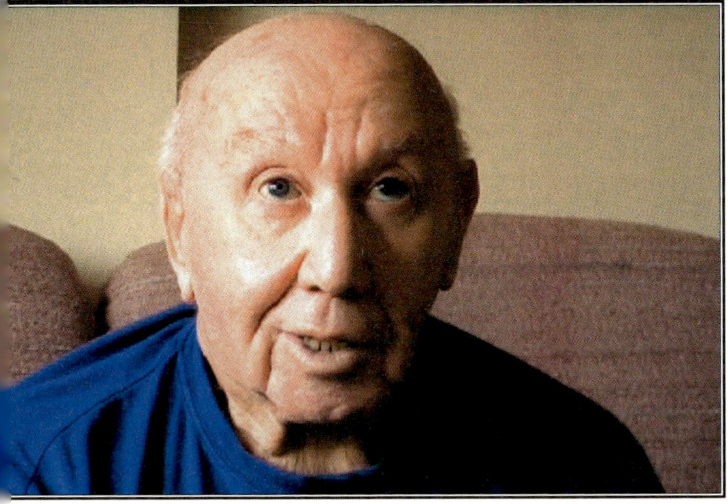

gekommen, hat uns gewaschen und uns saubere Kleider angezogen. Wir kamen dann in ein Gebäude, das heute eine Kaserne ist von der Deutschen Bundeswehr.

Nathan Kiesler

Ich stammme aus Yasina in der Tschechoslowakei und habe die vielen Schrecken der Nazizeit überlebt. Zum Schluss war ich in einer tschechischen Brigade.
1945 hat man erzählt, dass die Russen Auschwitz befreit haben. Einige unserer Offiziere sind dorthin gefahren. Als sie zurückkamen, wollten sie nichts von dem, was sie erfahren hatten, erzählen. Sie sagten nur:

"Es war schrecklich!"

Sie waren in Auschwitz! Sie wussten genau, was da war.

Ich bin einem Freund von mir 1954 wiederbegegnet. Er wohnt jetzt nicht weit von hier.
Ich habe ihn gefragt: "Hast Du etwas von meinen Eltern gehört?"
Er erwiderte: "Du weißt es nicht?"
Ich sagte: "Nein."

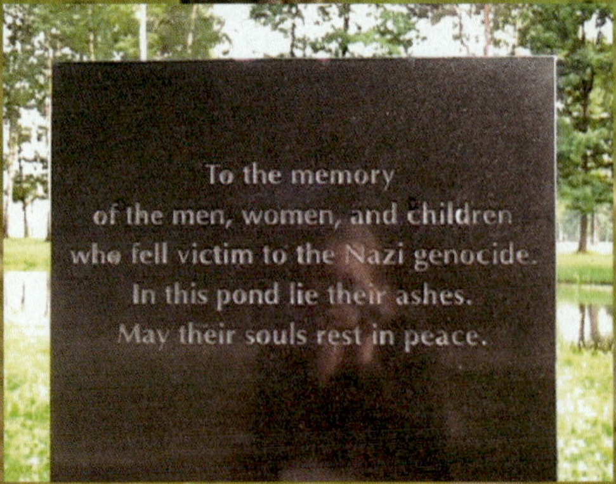

*Im Gedenken
an die Männer, Frauen und Kinder,
welche zu Opfern des Völkermordes der Nazis wurden.
In diesem Teich liegt ihre Asche.
Mögen ihre Seelen in Frieden ruhen.*

Er sagte dann: "1944 haben sie sie wegtransportiert nach **Auschwitz**, und niemand ist geblieben."

Mein Bruder hatte ein kleines Kind.
Man hat sie beide auch nach
Auschwitz gebracht.

On their arrival in Auschwitz most Jews were sent by the SS for immediate death in the gas chambers. However, they were often forced to await their turn in this clump of trees if the gas chambers were full at the time.

Bei ihrer Ankunft wurden die meisten Juden von der SS zum sofortigen Tod in die Gaskammern geschickt. Jedoch wurden sie oft gezwungen, in einer Gruppe von Bäumen zu warten, bis sie an der Reihe waren, wenn die Gaskammern zu diesem Zeitpunkt voll waren...

Niemand blieb am Leben!
Das hat mir mein Freund erzählt.
Ich hatte das nicht gewusst.

1945 lernte ich meine Frau
kennen, und dann haben wir
geheiratet.

Dann sind wir nach Israel
ausgewandert. Heute leben
wir in Haifa.

Sara Pilpeli aus Rumänien

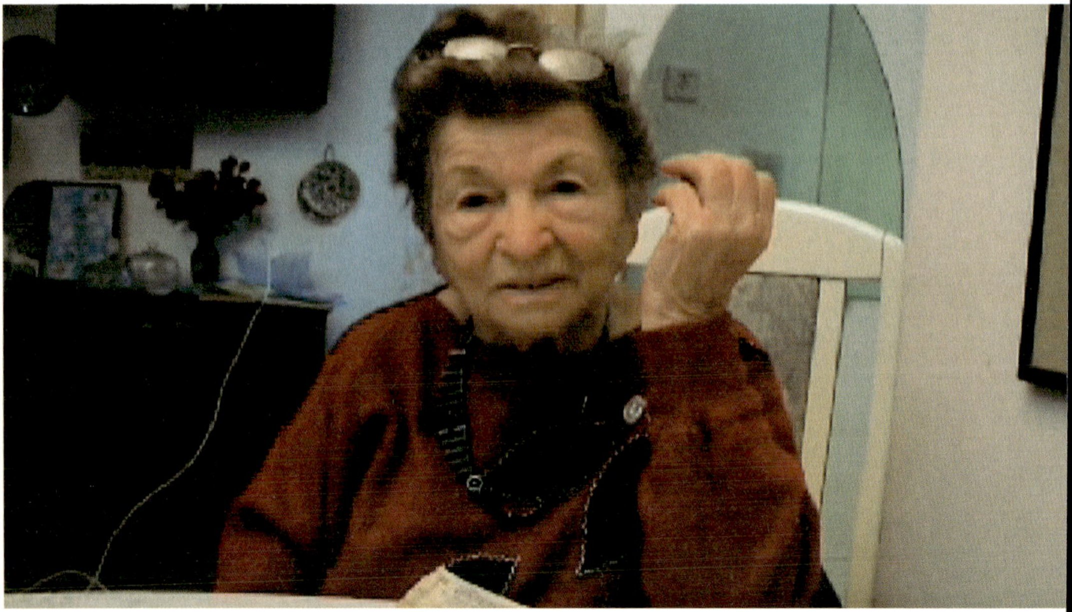

Ich bin 1914 in Rumänien geboren -
Ich bin 90 Jahre alt.

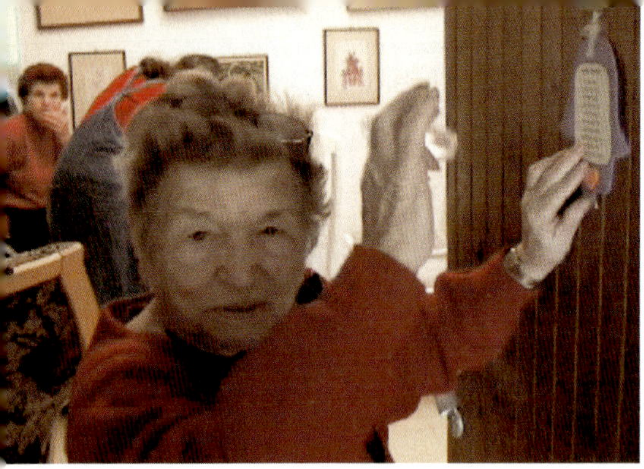

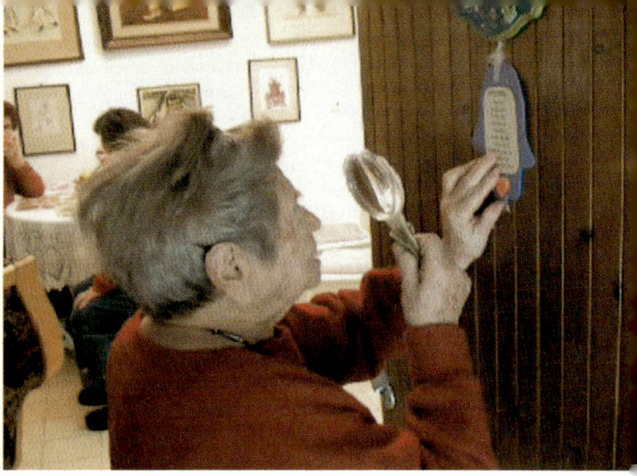

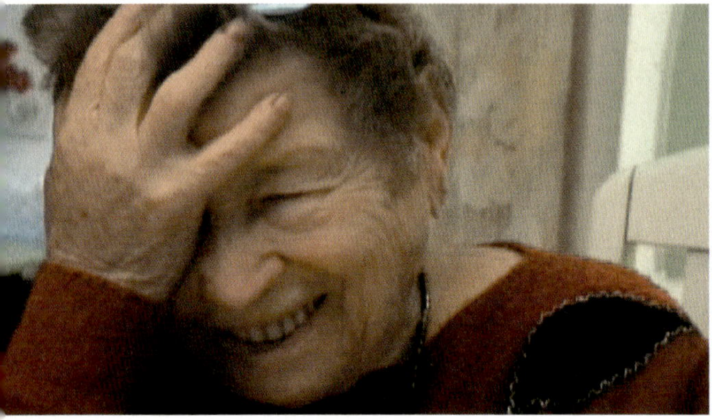

Bei Sara Pilpeli zu Hause

Becka, ihre Schwester Rachel, ihre Tochter Sara Pilpel

ברכת הבית
בזה השער
לא יבוא צער
בזאת הדירה
לא תבוא צרה

"In diesem Haus wird niemandem etwas Schlechtes angetan."

In diesen Räumen wird kein böses Wort gespro-chen.

“In diesem Haus herrscht Frieden!”

"Wenn ich gerecht bin...
...erinnert sich niemand an mich -

wenn ich ungerecht bin...

...vergisst es niemand!"

In dem Zug saßen Leute
haben:
Bist
Viadukt in Palästina im westlichen Galiläa
Einmal wollte ich von Transsilvanien aus mit dem Zug nach Palästina reisen.

ie mich gefragt

Die Rumänen behandelten die Juden sehr schlecht.

Mich wollte man viermal ermorden.

dass meine Mutter Jüdin sei, mein Vater aber Christ, was aber natürlich nicht stimmte.

Ich sagte das, damit sie mir nichts antaten. Ich war im letzten Abteil von dem Zug. Dort saßen sieben Offiziere und ein Paar. Sie alle wollten mich aus dem Zug werfen.

Die Offiziere sagten:

Ich habe ihnen alles gezeigt – sie wollten alles haben.

ann hat
er eine
ffizier auf
in Paket
edeutet;
ch sollte
s aufma-
hen, was
ch tat.
ls ich es
ffnete,
taunte ich:

Es lagen lauter Waffen vor mir!

ie wollten behaupten, dass es meine Sachen wären und ch vorgehabt hätte, den Zug in die Luft zu sprengen.

Da habe ich einen der Soldaten am Hals gepackt und ihn angeschrien:

Dann sagte er zu seinen Kameraden und dem Paar, dass man mich **erschießen** und an der nächsten Station raus-schmeißen sollte.

Ich hatte noch etwas Geld, was ich ihnen anbot,
und bettelte,
dass sie mich bitte nicht umbringen sollten.

Dann besprachen
sie sich:

... dann wird man uns erschießen."
Ich hatte eine Pellerine um.
Als wir an der nächsten Station ankamen, sagte einer der Offiziere zu mir:

„Hebe die Arme
hoch,
halte die
Pellerine fest
und bedecke
dich damit …

… ich werde
zwischen
deinen Armen
durchschießen."

So hat er es gemacht.

Die Kugel durchbohrte die Pellerine zwischen meinen Armen ...

... ich stürzte zu Boden, und der Zug fuhr weiter.

Ich war gerettet und am Leben!

Es war schrecklich kalt!

Jizchak Schwersenz
geb. 30. Mai 1915
gest. 02. Juni 2005

Ja, ich bin aufgewachsen hier in Berlin, meiner Heimatstadt, und hier natürlich zur Schule gegangen. Sechs Jahre zuerst in Wilmersdorf, später in der Berliner Straße in Charlottenburg, der heutigen Otto-Suhr-Allee.

Ich lernte das Dritte Reich allmählich kennen, das kommen sollte. Die Weimarer Republik war schwach, und sie hat ja auch nur vierzehn lächerliche Jahre bestanden.

Ich mahne heute, wenn ich zu jungen Menschen komme, zu Vorträgen in Schulen und Universitäten, dass das Schicksal dieser zweiten Republik nicht das der ersten Republik werden möge. Sie wissen, dass die Gefahr groß ist und die Schwächen wieder ganz deutlich sind. Hoffen wir da Beste! Ich erlebte schon in meiner Kindheit den Antisemitismus. Die NSDAP ist ja bereits 1920 gegründet worden un begleitete mich also von Kindheit an. Ich kam am Morgen in die Schulklasse, noch in der Grundschule, bevor ich aufs Gymnasium ging, und fand auf meinem Platz einen Zettel:

Jude Izich Lebertran,

Jude in der Eisenbahn,

Jude mit den krummen Been,

Jude, dir wird's schlecht ergehn!

Die Prophezeiung ist leider sehr wahr geworden. Für ein Kind mit zehn Jahren war das kein angenehmes Erlebnis. So wie all die anderen Erlebnisse in Berlin, man warf auf dem Weg mit Steinen auf mich. Man erkannte mich als jüdisches Kind, ich hatte damals noch tiefschwarze Haare. Ich glaube jedenfalls, dass man mich daran erkannte. Außerdem: In der Nachbarschaft wusste man, dass ich ein jüdisches Kind war.

All das musste ich schon ertragen in jungen Jahren. Was gab einen Halt gegen diese Erscheinungen? Der Glaube, der regelmäßige Besuch in der Synagoge, der Gottesdienst und natürlich der Jugendbund. Ich bin seit meinem neunten Lebensjahr Mitglied der jüdischen Pfadfinderbewegung gewesen und bin mein Leben lang dabei geblieben. Ich hatte sogar die Freude, in den Deutschen Pfadfinderbund als Ehrenmitglied aufgenommen zu werden. Die Pfadfinderei, die Wanderungen, die Heimabende, die Schabbat-Nachmittagsfeiern, das viele Singen – damals wurde noch viel mehr gesungen als heute –, all das stärkte mich und gab mir die Widerstandskraft gegen das, was draußen geschah.

Meine Schulzeit hätte enden sollen im Frühjahr 1933, im Jahr der „Machtergreifung“, wie Hitler sich immer wieder ausdrückte. Wir mussten den ja immer hören, ob wir wollten oder nicht – auf allen Straßen und Plätzen waren Lautsprecher, so dass mir diese schreckliche Stimme bis heute im Ohr geblieben ist. Es war für mich durch den Bund vorgesorgt, ich sollte in Holland den Gemüsebau erlernen. Ich wollte eigentlich Lehrer werden, das kam aber nun nicht mehr in Frage. Denn für die Auswanderung kann man nirgendwo als Lehrer erscheinen.

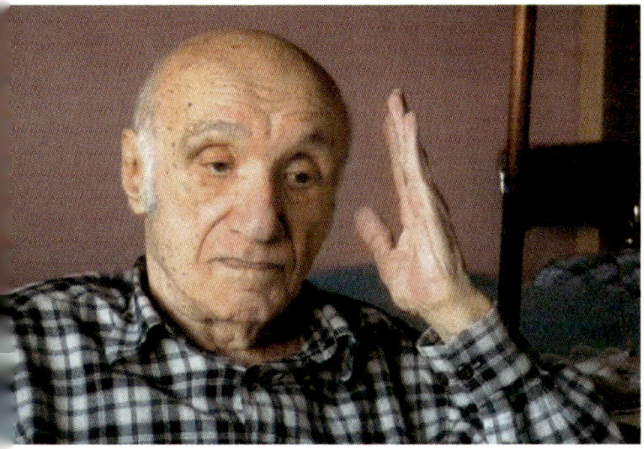

Ich brauchte einen praktischen Beruf.
Also erlernte ich in Holland den Gemüseanbau.
Alles das wurde durch den Bund geregelt, der Bund war unser ganzes Leben.
Ich war zwei Jahre in Holland, von 1933 bis 1935, in den Anfangsjahren des braunen Regimes, und ich hoffte, danach nach Palästina auswandern zu können.
Aber der Bund rief mich zurück, also war es selbstverständlich, dass man ging. So kam ich im Jahr 1935 zurück nach Deutschland. Schweren und bangen Herzens.

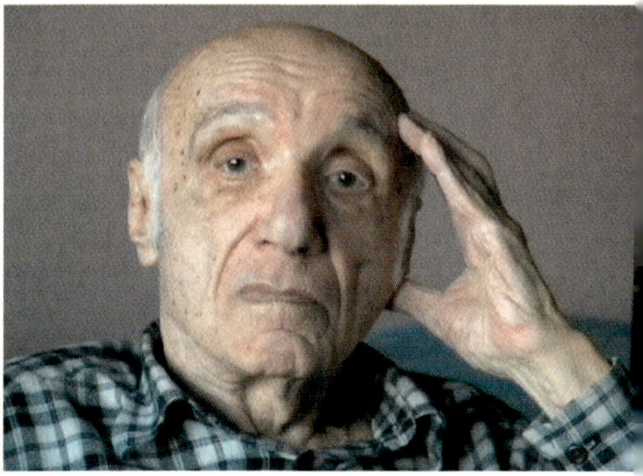

Man kann heute sagen, es war noch nicht so schlimm im dritten Nazijahr, aber doch schlimm genug: Überall hingen Hakenkreuzfahnen aus allen Wohnungen, Fenstern und Balkonen. Überall musste ich nun lesen:

„Juden ist der Eintritt verboten!"

Schlimmer noch:

„Juden und Hunden ist der Eintritt verboten!"

– an Cafés, Kinos, Restaurants ... Mit all dem musste man leben und sich einrichten. Man hoffte nur immer, es würde nicht schlimmer kommen. Es kam aber immer noch schlimner. Ich bekam vom Bund den Auftrag, ıach Köln am Rhein zu reisen, um dort ein Heim der Jugend-Alija zu leiten. 1935, mit ıur zwanzig Jahren. Wir alle mussten früh ın die Verantwortung heran, denn es fehlte iberall an Kräften, da doch schon eine ganze Reihe von Menschen ausgewandert war. Zu der Zeit hatte ich meine zwei ersten chlimmen Erlebnisse in der Nazizeit. Ein Junge, der mit mir in der Gruppe war – las heißt in der Älteren-Gruppe: Achtzehnährige und drüber –, er hieß Jakob, riss eine Hakenkreuzfahne von einem SA-Lokal herınter.

n den Kneipen waren damals überall SA-Lokale untergebracht, wobei die Hinterzimmer meist als kleine KZs benutzt wurlen. Jakob riss in seiner Erregung, weil er gerade aus der Uni herausgeworfen worden var – was nicht nur ihn, sondern auch alle ınderen jüdischen Studenten betraf –, eine Hakenkreuzfahne von einem SA-Lokal ab! Man ergriff ihn sofort.

ch besuchte ihn vier Wochen später in einer Geisteskrankenanstalt. Er erkannte mich ıicht mehr und sprach wirres Zeug, so sehr st er geschlagen worden. Er ist auch nicht nehr zurückgekommen.

Das war mein erstes schlimmes Erlebnis.

Das zweite war dann in Köln.

Die Leiterin des Heims, die für die Mädchen zuständig war, Julia Bodenheimer, aus einer sehr bekannten jüdischen Familie in Deutschland, stürzte sich am 19. Juni 1936 aus dem vierten Stock des Hauses. Sie hinterließ nur einen Zettel:

Ich kann nicht mehr ertra-
gen, was mit uns geschieht
in Deutschland.

Es geschah an einem Freitagvormittag, und Sie wissen ja, dass wir Juden am Freitagabend und am Sonnabend den jüdischen Ruhetag feiern. Auch an diesem Tag. Es war selbstverständlich, dass die Schabbat-Lichter entzündet wurden, dass der Segen über den Wein und das Brot am Abendbrottisch gesprochen wurde.

Damals sagte ich den Kindern zum ersten Mal: **TROTZ ALLEDEM!**

Das muss unser Wort sein von nun an: "trotz alledem" – wir wollen leben, wir machen weiter, was auch immer geschehe! Und dieses „trotz alledem“ habe ich vielfach in den kommenden Jahren wiederholt.

Von Köln aus ging es dann, nachdem ich dort die Jüdische Religionsakademie besucht hatte, nach Berlin. Vom Bund beordert, um hier die Gruppe zu leiten. Dies tat ich von da an bis zum bitteren Ende.

Es kam der 9. November 1938, von dem Sie wohl gehört haben werden, von dem Zerstören und Abbrennen jüdischer

Gotteshäuser, von den Massenverhaftungen unserer Menschen, die sechzehn und älter waren, und der Überführung vieler von Berlin aus in das Konzentrationslager Sachsenhausen / Oranienburg ...

Erschießungsplatz

Hinrichtungen auf dem Appellplatz vor den angetretenen Häftlingen dienten der Abschreckung.
Zu Weihnachten ließ die SS dort einen Weihnachtsbaum aufstellen.

Ich kam aus der Schule nach Hause am 9. November, die Schule war eiligst geschlossen worden. Ein guter Junge aus der Nachbarschaft wartete auf mich und sagte mir:

„Geh nicht nach Hause, der Lastwagen steht gerade vor eurer Tür."

Mahnmahl in der Levetzowstraße

Der Lastwagen!
Mit dem unsere Menschen abgeholt, stehend zusammengepfercht, ins Konzentrationslager beziehungsweise ins Sammellager gebracht wurden. Das war hier die Synagoge in der Levetzowstraße.

Ein Gotteshaus haben sie missbraucht.

18.10.1941
1035
MAHNMAL GLEIS 17

ls Sammellager für die armen Menschen, die
on dort aus zum **Bahnhof Grunewald** gefah-
en wurden, um anschließend in die Güterwagen

eladen zu werden und die Fahrt in die
ernichtungslager anzutreten. Ich habe das
damals zu meinem Vater gesagt, der
mich immer noch tröstete:

lt bislang. Bei dem Stich-
t das kollektive Bewusst-
die barbarische Verladung:
pferchte Menschen im Gü-
lit der kommentierten Chro-
ie ‚Judendeportationen' aus
chen Reich 1941 – 1945", die
twaldt vom Deutschen Tech-
m Berlin und Diana Schulle vom
Judaicum
legen, wird
der monströ-
Verschlep-
Geschichte
fferenziert do-
ntiert. Begon-
hatte die syste-
Verbrin-
ische
im „Groß-

Am 18. Oktober 1941 werden die ersten Berliner Juden deportiert

„Unser deutsches Vaterland, mein Kind, ist ein Rechtsstaat, unser deutsches Vaterland ist ein demokratischer Staat.
Hier können niemals solch schlimme Dinge passieren, wie du sie dir da denkst, wie sie in Polen vorgekommen sind bei den ständigen Pogromen, die es dort ja schon immer gab."

DER TAGESSPIEGEL, 18. Oktober 2005

GLEIS 17
Zum Gedenken an die 1941 - 1945
durch Züge der Deutschen Reichsbahn
in die Todeslager Deportierten
27. Januar 1998
Errichtet durch die Deutsche Bahn AG
15.10.1943 / 51 JUDEN / BERL
18.10.1941
4.8.1942
24.10.1941 / 896 JUDEN
24.11.1944 / 28 JUDEN / B.-RAVENSBR. / SACH
27.10.1941 / 1034 JUDEN / BERLIN
26.10.1942 / 800
12.10.1944 / 31 JUDEN
1.11.1941 / 1002 JUDEN /
26.10.1942 / 100 JUDE
8.12.1944 / 15 JUDEN / B.-RAVENSBR. / S
14.11.1941 / 956
30.10.1942 / 100 JUDEN
8.12.1944 / 22 JUDEN / BERLIN - THE
17.11.1941 / 730
9.2.1944 / 100 JUDEN / B

7.11.1941 / 1035
30.6.1943 / 100 JUDEN /
22.2.1944 / 32 JUDEN /
1.1942 / 1026
1.7.1943 / 100 JUDEN
לזכרון קרבנות השואה
ZUM GEDENKEN AN ZEHNTAUSENDE JÜDISCHER BÜRGER BERLINS, DIE AB OKTOBER 1941 BIS FEBRUAR 1945 VON HIER AUS DURCH DIE NAZI-HENKER IN DIE TODESLAGER DEPORTIERT UND ERMORDET WURDEN
1005 JUDEN / BERLIN
4.8.1943 / 70 JUDEN /
25.9.1942 / 100
10.1.1944 / 353 JUDEN /
5.1.1945 / 19 JUDEN /
28.6.1943 / 319 JUDEN
20.1.1944 / 48 JUDEN /
2.2.1945 / 23 JUDEN / B.-RAVENSBR.
29.6.1943 / 100 JUDEN /
21.1.1944 / 63 JUDEN / BERLIN
27.3.1945 / 18 JUDEN /

Ich frage mich bis heute immer wieder: Wie ist es möglich gewesen, dass dieser Staat, in dem wir lebten, Menschen in Massen vernichten konnte. Man vernichtet

Originalwaggon der Deutschen Reichsbahn

Yad Vashem

Altpapier, man vernichtet alte Sachen – aber dass man in diesem Land, in dem wir leben, Menschen in Massen vernichten konnte, ist für mich bis heute so schwer fassbar.

Es kam dann das Jahr 1939 und der sogenannte Zweite Weltkrieg, der nicht einfach ausbrach, sondern ausgebrochen wurde. Ich habe im Geschichtsunterricht meinen Schülern immer gesagt, Geschichte war mein Hauptfach in meinem Leben,

dass ein Krieg nicht einfach ausbricht wie ein Naturereignis, sondern ein Krieg wird ausgebrochen.

So lehrte ich es meinen Kindern immer in der Schule: Es wurde mal wieder ein Krieg ausgebrochen. Und so geschah es dann im Jahr 1939. Unsere Lage war schon sehr schlimm. Es führt zu weit, all das aufzuzählen, was wir seit 1933 erleben mussten.

Zum Beispiel das Ausgangsverbot von abends um sieben bis morgens um sieben, für junge Menschen besonders schwer. Man konnte keine Freundschaften schließen oder halten, man konnte nicht mehr abends rausgehen, man musste zu Hause sitzen. Das war ein besonders schweres Gebot.

Das Einkaufsverbot. Wir durften nur von vier bis fünf Uhr nachmittags einkaufen –

dann, wenn schon alle Waren ausverkauft waren.

Das Fahrverbot in öffentlichen Verkehrsmitteln, die Abgabe der Fahrräder, der Autos ... Es ist eine lange Reihe von Verboten und Geboten, die auf uns fielen in diesen wenigen Jahren. Es ist für mich immer wieder unglaublich, dass das ganze sogenannte Dritte Reich nur zwölf Jahre lang gedauert hat. Aber was ist in zwölf Jahren alles geschehen?

Berlin, 1. April 1933
(Foto: Yad Vashem, Jerusalem)

Es gab nur noch die jüdischen Schulen für jüdische Kinder. Die jüdischen Kinder wurden aus allen allgemeinen Schulen hinausgeworfen,

aus allen Jugendbünden, aus allen Sportvereinen. Wir mussten für sie sorgen. Man brauchte dringend Lehrer und Jugendleiter, um unsere Kinder weiter zu unterrichten und zu versorgen; deshalb hat man mich ja auch zurückgerufen aus Holland.

1939 war der Kriegsbeginn, der ausgebrochen wurde von Deutschland. Die Lage veränderte sich für uns mehr und mehr.

Aber wir machten weiter mit dem Wahlspruch:

"Trotz alledem!"

Sie werden auf den Fotos überall

lachende Kinder

finden.
Das ist nicht nur ein Lachen, wie man es gerne beim Fotografiertwerden macht.

Die Aufgabe eines jüdischen Lehrers damals war es nicht so sehr, zu unterrichten, selbstverständlich das auch, aber hauptsächlich ging es darum, Freude zu verbreiten, Lebensmut zu geben. Das ist uns jüdischen Lehrern gelungen.

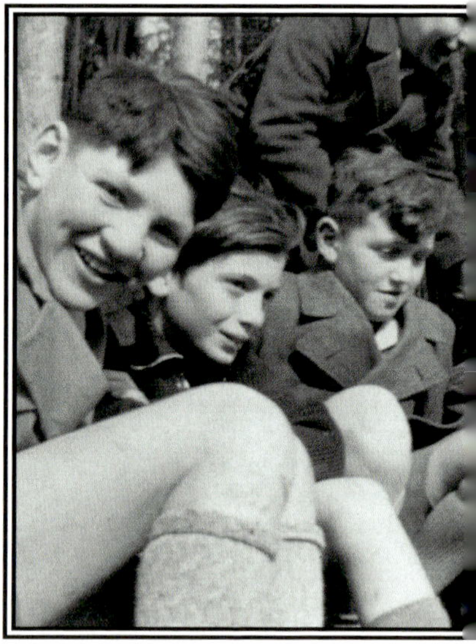

Es kam also der Krieg, und die Lage wurde schwerer. Die Konzentrationslager bestanden (seit 1933), und so mancher verbrachte dort bereits sein Leben. Bis es dann zu den Vernichtungslagern kam, vor allem im eroberten Polen. Nicht nur Auschwitz, das ja der Name für alle Vernichtungslager geworden ist.

Wir machten weiter. Wir sangen viel in unserer Schule.

Ich bekam am 1. Mai 1939 die Leitung der Jugend-Alija-Schule im Bezirk Prenzlauer Berg in der Choriner Straße. Wie es der Name sagt, war die Schule vor allem dafür eingerichtet, um Kinder zwischen vierzehn und achtzehn Jahren für eine Auswanderung nach Palästina vorzubereiten – zu der es dann nicht mehr kam.

zchak Schwersenz (Brille)
erlin 1940

Aber wir arbeiteten weiter. Ich selber war beauftragt von der jüdischen Jugendhilfe, jener Organisation, welche die Vorbereitungslager in ganz Deutschland unterhielt.

Ich besuchte regelmäßig an den Wochenenden eines der Vorbereitungslager und hatte die Freude, das blühende Leben dort immer wieder kennenzulernen, als ob draußen nichts geschähe. Man tanzte die palästinensischen Reigentänze, man sang sehr viel.

Ich kam aus Ahrensdorf bei Trebin und Hamburg zurück nach Berlin, immer wieder gestärkt von den gemeinsamen Erlebnissen.

Im dritten Kriegsjahr, 1941 begannen von Berlin aus die Transporte in den Osten. Für mich war es selbstverständlich, mit auf den Transport zu gehen. Mag sein wegen der preußischen Erziehung, die ich von meinem Vater übernommen hatte.
Für fast alle war es selbstverständlich, Folge zu leisten, wenn man gerufen wurde, wenn man den Brief nach Hause erhielt, dann tat man das.

„Sie haben sich am soundsovielten um soundsoviel Uhr da und dort einzufinden ... Sie haben sich am 21. August 1942 um 6 Uhr abends zu Hause aufzuhalten zwecks Ihrer Aussiedelung."

Aussiedlung, lächerlich dieser Ausdruck!

Der deutsche Jude war so diszipliniert wie der deutsche Nichtjude.

Aber in meinem Falle kam es anders.

Edith Wolff, eine Freundin und meine spätere Lebensgefährtin, aus Friedenau, stammte aus einer Mischehe. Der Vater, Dr. Theodor Wolff, war Jude, die Mutter Christin. Damit war sie eigentlich geschützt. Aber wer fragte damals nach Recht und Gesetz? Sie aber fühlte sich verpflichtet zu helfen, wo sie nur konnte. Das war ihr Lebensmotto.

So ging Ewo zur jüdischen Jugendhilfe in der Meineckestraße 10, wo unsere Büros waren, und meldete sich dort zur freiwilligen Arbeit.

Da ich dort selber in der Leitung war, lernte ich sie kennen. Im Laufe der kommenden Zeit unterhielt sie sich immer wieder mit mir und brachte ihre Meinung zum Ausdruck:

Man habe nicht auf den Transport mitzugehen, man habe sein Leben zu retten für eine bessere Zeit.

Das waren ihre Worte, die sie immer wieder an mich richtete. Ich konnte mir das nicht vorstellen. Ich konnte mir ein Leben in Berlin, versteckt unter fremdem Namen, ohne Wohnung, überhaupt nicht vorstellen. Aber sie ließ nicht nach. Sie diskutierte mit mir immer wieder über die Notwendigkeit unterzutauchen.

Bis sie eines Tages kam und sagte, wenn du das tust, dann wollen wir gemeinsam versuchen, von deinen Kindern zu retten, wen wir retten können.

Meine Kinder, meine Schüler! Immer waren meine Schüler meine Kinder und sind es bis heute geblieben, sofern ich noch welche treffen kann.

Da konnte ich nicht Nein sagen.
Da musste ich untertauchen.

So kam es dann im Jahr 1942, dass ich zum 28. August diesen Brief bekam:

„Sie haben sich am 28. August abends um 6 Uhr zu Hause aufzuhalten."

Ich rief einen meiner Jungen aus meinem Jugendbund, den Günter, der noch da war, er solle zu mir kommen in die Tile-Wardenberg-Straße 28 im Bezirk Tiergarten und mich abholen, mich begleiten zum Untertauchen.

Er kam, wir fuhren in den Grunewald, ich trennte dort meinen gelben Judenstern ab, den wir alle tragen mussten,

Kinder ab 6 Jahren bereits,

wenn sie das Haus verließen.

Ich trennte ihn ab und befestigte an der gleichen Stelle, bekommen Sie keinen Schrecken, das Hakenkreuz. Da, wo heute meine Ehrennadel der Israelischen Pfadfinder-Bewegung steckt.

Ich sagte den Kindern nach der Gründung unserer Gruppe: "Unsere Heimat ist unser Feindesland geworden. Wer in Feindesland überleben will, muss sich tarnen, so gut er kann.

Dazu gehört das Anlegen des verhassten Hakenkreuzes."

ATHLETIK

Bundesa

IN DIESEM HAUS WOHNTE
Edith Wolff, genannt „Ewo" (1904-1997)
Aufgewachsen in einem christlich-jüdischen Elternhaus gründete sie hier am 27.02.1943 mit Jizchak Schwersenz und anderen untergetauchten jüdischen Freunden die Jugend-Widerstandsgruppe Chug Chaluzi. Am 19. Juni 1943 wurde Ewo verhaftet, sie überlebte 18 Konzentrationslager und Zuchthäuser.

Ich kam zurück aus dem Grunewald in die Wohnung von Edith Wolff, genannt Ewo, in die Kaiserallee 79, die heutige Bundesallee, wo sie seit ihrer Kindheit mit ihren Eltern wohnte. Ich lebte die ersten Tage und Nächte dort versteckt.

Ich habe die große Freude gehabt, dass vor kurzer Zeit eine Gedenktafel für sie, Ewo, und für unsere versteckte Gruppe enthüllt wurde. **Dank dafür dem Bezirksamt Schöneberg!**

Die ersten Tage, in denen ich mich versteckt hielt, ging ich nur abends bei Dunkelheit hinaus, um Luft zu schnappen. Zu unserem Glück war ja Berlin verdunkelt während des Krieges, und nachts war es dann sehr dunkel. Ich versuchte, die Verbindung aufzunehmen und aufrecht zu erhalten, zu meinen Kindern, meinen Schülerinnen und Schülern.
Ich hatte ihnen, als alle jüdischen Schulen im Deutschen Reich geschlossen wurden und die Schüler wie die Lehrer in Zwangsarbeit und Arbeitslager geschickt wurden, zum Abschied gesagt: Wenn es nicht mehr weitergeht, kommt bei Nacht in die Wohnung der Ewo. So hatte ich es mit ihr verabredet, so wollte sie es.
Eine genaue Vorstellung, wie es aussehen würde, wenn es nicht mehr weitergeht, hatte ich nicht, aber der Zeitpunkt kam dann ganz schnell: die sogenannte **"Fabrikaktion"**, das heißt die Abholung der Zwangsarbeiter aus allen Fabriken am 27. Februar 1943.

Bis dahin lebte ich bereits ein halbes Jahr untergetaucht. An jenem Tag, an dem alle jüdischen Menschen, Zwangsarbeiter und -arbeiterinnen aus den Fabriken abgeholt wurden, gelang es einer Anzahl unserer Kinder zu flüchten. Sie dachten, das ist wohl jetzt der Moment, von dem er, also ich, immer sprach. Als sie die Lastwagen, auf denen sie abgeholt werden sollten, in die Fabrikhöfe einfahren sahen, rannten sie davon. Und so kamen am Abend dieses Tages zwölf Kinder in die Kaiserallee 79.

Wir gründeten dort die "versteckte Gruppe", wie sie später genannt wurde. Die Gedenktafel erinnert auch daran. Zunächst gelang es zwölf Kindern durchzukommen. Wir saßen die ganze Nacht in Ewos Hinterzimmer zusammen, um die Gruppe zu gründen und zu beschließen, was wir tun sollen und tun müssen. Die Kinder waren zwischen vierzehn und achtzehn Jahren alt. Kinder, deren Eltern nicht mehr da waren, deren Eltern abgeholt worden waren und zur Vernichtung in den Osten verschleppt wurden. Kinder, denen es gelungen war zu entkommen und von denen ich sagen möchte, dass sie sich hervorragend bewährt haben.

Vier Dinge standen vor uns, die wir zu tun hatten während der Jahre des versteckten Lebens.

Erstens: Nachtquartiere, was das Schwierigste war. Jede Nacht für alle eine Unterkunft zu haben

— und damit komme ich zu jenen wunderbaren Menschen ... ich finde keine Worte für diese wunderbaren Berliner Menschen, nichtjüdische Menschen, die den Mut hatten, die Zivilcourage, einen von uns über Nacht aufzunehmen und uns mit Essen zu versorgen.

Das war das zweite Problem nach der Nachtruhe: das Essen! Man braucht nicht viel zum Essen, das haben wir in jener Zeit gelernt, aber immerhin das Notwendigste.

Nicht alle unsere Helferinnen und Helfer hatten den Mut, uns über Nacht zu Hause zu haben, das habe ich vollständig ver-

stehen können.
Ich bewunderte immer den Mut der Menschen: Wie konnten sie ruhig schlafen, wenn ein Verfolgter bei ihnen schläft, der ins Haus hineingegangen ist am Abend, was ja beobachtet werden konnte?
Es gab damals noch in vielen Berliner Häusern die Portiers, die Hauswarte, die unten wohnten im Erdgeschoß. Neben dem Hauseingang, im Eingangsflur, befand sich eine Türe oder ein kleines Fenster, wodurch sie beobachteten, wer hinein- und hinausging.

Wie konnten diese Menschen, die uns versteckten, ruhig schlafen?

Aber sie taten es.

Tempelhofer Damm
46-62
BERLINER GEDENKTAFEL
Von 1928 bis 1973 wohnte hier
ELISABETH ABEGG
3.3.1882–8.8.1974
Zwischen 1942 und 1945 versteckte und versorgte sie mit Hilfe ihrer Schwester Julie Abegg viele rassistisch Verfolgte und rettete ihnen so das Leben

Ich möchte hier einige Helfer erwähnen.

Frau Elisabeth Abegg, Studienrätin, auf dem Tempelhofer Damm 56. Sie gab uns Essen von Mal zu Mal, nicht allen auf einmal natürlich, und sie sorgte auch für Nachtquartiere bei ihren Bekannten und Verwandten. Auch sie bekam eine Ehrentafel vor einigen Jahren.

Ihr Name steht außerdem auf einer Tafel in Yad Vashem im Garten der "Gerechten unter den Völkern".

גן חסידי אומות העולם
GARDEN OF THE RIGHTEOUS
AMONG THE NATIONS

YAD

"Ich will ihnen in meinem Hause und in meinen Mauern ein Denkmal (Yad) und einen Namen (Shem) geben ... der nicht vergehen soll."

(Jesaia 56,5)

VASHEM

Ich möchte noch einige erwähnen von diesen wunderbaren, vorbildhaften Menschen:

Frau Berta Gerhardt, Studienrätin, evangelische Theologin, die in Berlin Zepernick wohnte.

Man fuhr zu ihr hinaus mit der Vorort-Bahn und lief dann zu ihrem Haus, wo sie uns ein bis zwei Nächte aufnahm und uns zu essen gab.

Sie war eine Nachfahrin des Kirchendichters Paul Gerhardt, den ich so liebgewonnen habe, denn ich habe seine Gebete gelernt, als ich bei Frau Gerhardt versteckt war.

Diese gute Frau sorgte nicht nur für mein leibliches Wohl, sondern auch für mein geistiges.

Am Freitagabend, zum Beginn des jüdischen Ruhetags, entzündete sie für mich die

zwei Schabbat-Lichter

und sagte mir:

„Und nun sprechen Sie Ihre Gebete."

Was ich dann tat.

Und sie las anschließend von ihrem Vorfahren Paul Gerhardt unvergessene Lieder:

"Nun weiß und glaub ich feste
und rühm's auch ohne Scheu,
dass er der Höchst und Beste,
mein Freund und Vater sei.
Und dass in allen Fällen
er mir zur Seite steht,
und hindert Sturm und Wellen
und was mir dringend fehlt."

War ein Helfer gefunden, suchte dann dieser in seiner Bekanntschaft weitere Helfer. So kam eine Anzahl von Helfern zusammen, aber niemals genug. Viele Nächte verbrachten wir auf der Straße. Ich schuf ein neues Wort:

„Straßennacht"

Wir müssen eine Straßennacht machen. Ich muss sagen, dass die Psychologen Recht haben. Es gibt sogenannte Spätfolgen. Noch heute, wenn es abends dunkel wird, überfällt mich eine gewisse Angst. Wenn es hell ist, ist man nicht so nachdenklich. Wurde es dunkel, und das war ja besonders früh im Winter, überkam einen die Frage – und mich als Leiter der Gruppe besonders:
Wo bleiben die Kinder heute Nacht, wo bleibst du selbst heute Nacht. Diese Frage stellte sich jeden Abend. Viele Nächte verbrachten wir auf der Straße. Es ist für mich heute unglaublich, dass wir immer wieder in den Berliner Straßen nächtigten. Natürlich konnte das nur in einer großen Stadt wie Berlin sein.
Wir benutzten die U- und S-Bahn, um immer mal wieder ein Stück zu fahren und uns im Winter aufzuwärmen. Obwohl das gefährlich war, weil in den Zügen und auf den Bahnhöfen Kontrollen waren. Mit der Straßenbahn, mit den Nachtlinien, fuhren wir

auch ein Stück, um zu sitzen und uns aufzuwärmen. Von der Endstation aus musste

man dann ganz woanders hingehen und mit einer anderen Linie fahren, um nicht aufzufallen. Im Sommer war es leichter, man konnte sich im Wald oder im Park aufhalten, und da waren wir auch gar nicht die einzigen, denn sehr viele Berliner hatten ihr Haus, ihre Wohnung verloren und verbrachten tatsächlich die Tage, die Nächte auch draußen. Das war unser Glück!

Aber nicht das allein.

Es war für mich selbstverständlich, nicht nur die Körper der Kinder zu retten, sondern auch ihre Seelen.

Wir trafen uns jeden Abend bei Dunkelheit, wir waren ja eine Gruppe, und eine Gruppe muss zusammenkommen und sich treffen. Wir trafen uns abwechselnd an drei Stellen in Berlin:

im Tiergarten (Mitte Berlins),

im Friedrichshain (Osten Berlins),

und im Grunewald (Westen Berlins)

bei völliger Dunkelheit, möglichst tief drin in diesen Park- und Waldanlagen. Wir waren sehr leise und waren etwa eine halbe Stunde zusammen. In dieser halben Stunde verteilten wir zunächst die Lebensmittel, die wir von Helfern bekommen hatten, dann die Nachtquartiere, gerecht unter allen. Dann habe ich immer etwas gelehrt in der Dunkelheit der Nacht.

Das Lehren ist im Jüdischen ein besonders hohes Gebot, wie es geschrieben steht:

„Du sollst die Lehren, die Worte der Lehrer deinen Kindern, wenn du aufstehst und wenn du dich niederlegst, weitergeben."

Es war selbstverständlich, das zu tun. Wir gaben uns gegenseitig Briefe, bevor wir uns verabschiedeten. Nach dem nächtlichen Treffen hatte man, als man alleine war, einen Brief an diese oder jenen vorbereitet, den man am nächsten Tag schnell beim Abschied übergab.

Blick aus dem Tiergarten

Ich habe zwei solche Briefe an mich aufheben und auch auf der Flucht mitnehmen können. Und man sieht hier den guten Geist, der unter den Kindern herrschte. Einer der beiden Briefe ist von Poldi, so nannten wir Leopold Chones. Er war ein schwieriger Schüler, als er noch bei mir in der Schule war. Poldi, den ich früher nie verstanden hatte, den ich, obwohl wir jahrelang zusammen waren, nicht richtig gekannt hatte – jetzt schrieb mir der Sechzehnjährige:

"Da fand ich Dich! Du reichtest mir die Hand zur Freundschaft. Nun wusste ich, dass Du es ernst und aufrichtig mit mir meinst, und dachte nicht mehr an eine Spielerei – kannst Du mir verzeihen, dass ich so ungläubig an Dir gehandelt? Ja, Du kannst es, denn Du bist noch nie nachtragend gewesen. Ich hoffe, dass Du zu der Überzeugung gekommen bist, dass ich das, was ich hier getan habe, eingesehen habe, und dass Du mir glauben wirst, dass ich mich bemühen werde, Dich nicht mehr zu enttäuschen."

Am Friedrichshain

Dieser Brief ist im Versteck in der Nacht des 24. September 1943 geschrieben worden.

"Danken möchte ich Dir für alles, was Du für mich getan hast in diesem halben Jahr. Ich lernte viel hinzu und danke Dir besonders für Deine Anregung, mehr zu lernen. Einen Wunsch habe ich an Dich ..."

Was glauben Sie, was sich ein Junge, der keine Eltern, der keine Wohnung hat, der versteckt lebt, was er sich wünscht?

„... Du weißt, wie schwer mir Iwrith (Neuhebräisch, Landes- und Amtssprache Israels) fällt, und es gehört eine große Anstrengung dazu, das zu schaffen, was ich mir bis zu meinem Geburtstag vorgenommen habe. Gib mir jede Woche zusätzlich eine Stunde. In der Hoffnung und mit dem Glauben an eine gute Zukunft, verbleibe ich Dein Dir immer treu bleibender

Poldi

Leopold Chones 1943

Poldi wurde dann einige Monate später verhaftet und ist nicht wieder zurückgekommen.

Mit der Zeit vergrößerte sich der Kreis der Helfer, so dass wir fast jede Nacht ein Nachtquartier oder fast jeden Tag ein warmes Mittagessen hatten.
Mittagessen geben war leichter, es war am hellen Tage, man ging hinein in die Wohnung und kam nach kurzer Zeit wieder heraus.
Es war leichter, als ein Nachtquartier zu geben, was mit großem Mut und Zivilcourage verbunden war. Die Verhaftungen von unseren Kindern waren ausschließlich dort, wo sie ein Nachtquartier hatten. Es ist niemand von uns in diesen zwei Jahren auf der Straße verhaftet worden.

Über mich wundere ich mich am meisten mit meinem

"**Aussehen**".

Natürlich hatten alle Kinder einen gefälschten Ausweis, den sie von Helfern erhalten hatten.

Ich selber war wäh-
rend der ganzen Zeit
des Untergrundlebens

Ernst Hallermann,

denn ich hatte den Ausweis eines Helfers.
Das jüngste Mitglied unserer Gruppe war neun Jahre alt. Eines Tages traf ich einen meiner ehemaligen Schüler auf der Straße – Alfred Bernstein, mit seinem Schwesterchen. Ich sagte ihm, dass wir ihn gerne in unsere Gruppe aufnehmen, aber nicht zusammen mit Lottchen.
Nachdem ich die erste Besprechung in der Gruppe geführt hatte und gesagt hatte, dass wir das Lottchen aufnehmen wollen, wagten wir es nicht. Es gab viele Zweifel:
Man fürchtete, dass Lottchen alle verraten könnte, wenn sie verhaftet werden würde. Wir haben sie dann doch aufgenommen. Alle Kinder haben sich hervorragend bewährt in der versteckten Gruppe zwei Jahre lang – Lottchen im Besonderen.

Klagemauer in Jerusale

Ewo unterrichtete Lottchen, was sie zu sagen habe, wie sie sich zu benehmen habe als **arisches** Kind. Es ist gelungen! Lottchen war unser jüngstes Mitglied. Sie ist am Leben geblieben und lebt heute in den USA. Ich hatte die große Freude, sie in Jerusalem wiederzusehen, als sie mit ihren zwei Söhnen an die Klagemauer kam, um die beiden dort einsegnen zu lassen.

Leider ist Alfred, ihr Bruder, nicht am Leben geblieben. Er wurde verhaftet, und das bedeutete ja meistens keine Rückkehr.

Ich möchte noch von der Helferin Hedwig Göring berichten. Sie hatte ein Reformhaus in der Osnabrücker Straße in der Nähe des Tegeler Wegs.

Ich wurde zu ihr geschickt durch einen Helfer. Ich fragte sie, ob sie einen Jungen von uns als Laufburschen für ihr Geschäft annehmen könnte. Während wir miteinander sprachen, sah ich hinter einem Vorhang einen kleinen Raum, neben dem Laden, mit einem Bett. Da sagte ich: „Frau Göring, können Sie uns diesen Raum für Übernachtungen geben?“
Da sagte sie: **„Selbstverständlich!“**
Obwohl das auch sehr gefährlich war,

am Abend in einen verschlossenen Laden hineinzugehen und morgens wieder rauszukommen. Dann sagte ich zu Frau Göring: „Dafür brauchen Sie dem Jungen nichts zu bezahlen, es ist genug, wenn Sie uns das Nachtquartier geben.“ – „Nein, Herr Hallermann“, erwiderte sie.
„Er wird so bezahlt, wie es üblich ist.“

Wir trafen uns also jeden Abend in der Dunkelheit auf eine halbe Stunde etwa. Wir lernten, ich unterrichtete jeden Abend bei Nacht fünf Wörter Hebräisch, fünf Sätze aus der Bibel und ein kleines Kapitel Geschichte. Dann standen wir auf, reichten uns die Hände im Kreis, wie wir es bei den Pfadfindern gewohnt waren, und sangen unser Abschiedslied, das Lied, das wir ausgewählt hatten für die Versteckte Gruppe,

Pfadfinder

das wir früher auf unseren Heimabenden und Wanderungen gesungen hatten.

Ich singe es vor, und Sie werden an den Wörtern des Liedes hören, dass es uns Kraft geben sollte:

„Wohlan, lass das Sinnen und Sorgen,
heb die Angst aus der Seele heraus.

Schon grüßt uns der Freiheit Morgen,
und die Sonne pocht jubelnd ans Haus.

Der Frühling wird neues Leben bringen
und Leiden und Knechtschaft
niederzwingen.

Es sprosst und grünt ein neuer
Lebensmai,
wohlan, wohlan, wohlauf,
unsere Bahn ist frei!“

Mit diesem Lied, das wir leise summten, gingen wir hinaus in die Nacht – die einen in das Nachtquartier, die anderen auf die „Straßennacht“.

Die Lage wurde immer schlimmer!

Vor allem jede Verhaftung machte uns zu schaffen: Wenn wir zusammenkamen und einer oder eine nicht mehr dabei war.

Besonders natürlich die Verhaftung der Ewo!

Sie wurde am 19. Juni 1943 verhaftet, freiwillig! Sie erhielt eine Aufforderung, sich im Gestapo-Büro in der Burgstraße am Bahnhof Börse, dem heutigen Bahnhof Hackescher Markt, zu melden.

Sie scheute sich nicht davor, in die Höhle des Löwen zu gehen. Sie wollte hingehen, um zu hören, was die wissen. Wir versuchten ihr das selbstverständlich auszureden, so gut wir konnten, und sagten ihr, dass sie so etwas nicht tun solle, nicht dürfe.

ie blieb dabei. Wie immer war sie hart, so vie damals mit ihrem Entschluss, die

“Versteckte Gruppe”

ıit mir zu gründen. Auch jetzt blieb sie da- ›ei: Ich gehe und ich werde zurückkommen. Wir uhren mit ihr, an jenem Morgen, an dem sie rorgeladen war durch die Geheime Staatspoli- ei, zum Bahnhof Börse und warteten auf dem ahnhof auf ihr Zurückkommen. Sie kam nicht ıehr zurück.

Ewo verbrachte zwei Jahre in 18 Konzentrationslagern und Zuchthäusern.

ch kann bis heute nicht begreifen, wie es ihr elungen ist, das durchzuhalten, das ertragen u können.

Gott sei Dank wurde sie von den Amerikanern befreit im Mai 1945,

nd wir hatten das Glück, sie wiederzusehen – ir, die überlebt haben.

Sie kam dann mit mir nach Israel.

"Die Allee der Gerechten unter den Völkern"
In Yad Vashem wurde eine Allee aus Bäumen gepflanzt, zu Ehren von Nichtjuden die als "Gerechte unter den Völkern" anerkannt worden sind.

So ging es nicht mehr weiter. Wir kamen auf den Gedanken, dass wir flüchten müssen. Aber wie? Nur die Schweiz kam in Frage, weil bei allen anderen Nachbarländern, die frei waren, das Meer dazwischen lag. Aber die Schweiz hat eine Festland-Grenze. So dachten wir immer an die Schweiz. Wir versuchten alles, diese Reise vorzubereiten, und fanden wieder zwei neue Helfer. Frau Luise Meier, eine Frau im Berliner Grunewald. Sie war in Schwarz gekleidet, als ich sie traf, und sagte zu mir, dass ihre beiden Söhne an der Ostfront gefallen waren. Ich fragte Frau Meier: „Warum machen sie das?"

e handelten nur ihrem Gewissen gehorchend und retteten Juden vor den Nazi-
erbrechern und deren Helfershelfern – unter Einsatz ihres eigenen Lebens. Ihre
Jamen und ihre Herkunft stehen geschrieben auf Tafeln neben den Bäumen .

Meine Söhne waren in Polen, und ich fürchte, ie könnten, vielleicht ohne es zu wissen und hne es zu wollen, an Judenmorden teilgenommen aben. Ich will ihre Seelen retten!“

ie war eine fromme Katholikin.

rau Meier kannte Bauern an der Schweizer renze, die Familie Höfler.

eide, sowohl Frau Meier als auch die amilie Höfler, wurden durch die Gedenkstätte ad Vaschem ausgezeichnet mit dem Titel Gerechte der Völker“. Sie werden verewigt in er „Allee der Gerechten“ in Jerusalem.

Frau Meier bereitete alles vor, aber Herr Unteroffizier Strunck, welcher uns zu Soldaten der Wehrmacht machen sollte, verlangte Geld. Ich sagte ihm, dass es schwer für uns sei, die Summe von 3000 Reichsmark pro Fall für alle unsere Jugendlichen aufzubringen. Herr Strunck sagte:

„Ich tue das für meine Frau und meine zwei Kinder. Wenn mir etwas zustößt, dann sollen sie genügend zum Leben haben."

Ich habe ihm von Anfang an geglaubt, und es ist ja auch in der Tat wahr geworden, denn Herr Strunck wurde nach meiner Flucht gehenkt.

Frau Meier kannte die Familie Höfler an der Schweizer Grenze zwischen Singen und Beuren-Wüslingen. Sie fuhr dorthin und besprach mit ihnen, was sie zu tun hätten. Sie waren bereit, verlangten allerdings dafür auch etwas, nämlich alte Kleidungsstücke, die die Flüchtenden ja

nicht mehr mit-
nehmen konnten.
Ich habe das gut
verstanden, denn
es war alles
knapp geworden
im Krieg.

So musste ich
nun fliehen,
denn ich stand im

Reichsfahndungsblatt, einer Zeitung der Polizei,

in der Gesuchte veröffentlicht wurden mit weitmöglichster Personenbeschreibung. Die Helfer von uns lasen das Blatt regelmäßig und hatten mich Weihnachten 1943 dort entdeckt. Wie ich da hineingekommen bin, weiß ich nicht. Sie sagten: „Du musst nun ganz schnell gehen." Sie sahen natürlich auch für sich eine Gefahr. Wer weiß, ob ich in den Verhören der Geheimen Staatspolizei standgehalten hätte. Viele konnten es nicht, man wusste ja, wie die Verhöre stattfanden und mit welchen Methoden sie gemacht wurden.

So wurde ich von
Herrn
Unteroffizier
Strunck zum

**Offizier der
Luftwaffe**

gemacht.

Man kann darüber lachen, aber ich habe meinen Schülern später im Unterricht immer gesagt:

"Der Mensch kann mehr, als er glaubt, es ist mehr möglich, als man zunächst annimmt."

Ich mit meinen schwarzen Haaren, die ich damals noch hatte, und mit meinem Aussehen wurde zu

Werner Obst, Offizier der Luftwaffe!

ir wurde für die Flucht Frau Herta Wachsmann eigegeben, eine polnische Jüdin in den sechziger Jahren, die versteckt lebte bei einem Schneidermeister hier in Berlin, deren Mann und Sohn erschossen worden waren bei der sogenannten

Polenaktion, jener großen Aktion, in der die polnischen Staatsangehörigen über die Grenze gejagt wurden im Mai 1939.

Der Mann und der Sohn versuchten zu flüchten und kamen um.

Jetzt ernannte ich den Ältesten zum Verantwortlichen für die Gruppe. Er war neunzehn – ein Neunzehnjähriger damals war wohl älter als ein Neunzehnjähriger heute.
Ich versprach bei meinem Abschied, dass ich alles Notwendige tun würde, die benötigten Geldmittel so schnell wie möglich rüberzuschicken, damit alle diesen Weg gehen konnten, den ich ging.

o traten wir die Fahrt an vom Anhalter Bahnof, heute eine Ruine. Das große Tor, das eute noch übriggeblieben ist, nenne ich

„Das Tor zum Leben“!

Wir fuhren mit dem Zug
– mit mehreren Kontrollen, die
alle gutgingen – nach Augsburg,
stiegen dort um und fuhren nach
Singen am Hohentwiel.

Werden die Bauern da sein, wenn
wir kommen, was machen wir, wenn
sie nicht da sind? Das war die
bange Frage während der langen
Fahrt.

Die Bauern waren da, aber sie sag-
ten uns: „Wir können euch heute
Nacht nicht rüberbringen, es ist
Neuschnee gefallen. Ihr müsst hier
eine Nacht übernachten."
In jener Zeit, in der Kriegszeit!
Aber es blieb uns nichts anderes
übrig. Ich brachte Herta in ein
Hotel in der Stadt Singen, und
damit wir nicht gleich beide auf
einmal verhaftet würden im Falle
der Fälle, fuhr ich selber nach
Radolfzell am Bodensee und über-
nachtete dort.

Singen (Hohentwiel)
Singen (Hohentwiel)
RADOLFZELL
Zimmernathweis
TUTTLINGEN
Spaichingen
Donaueschingen
Bad Dürrheim
Immendingen
Engen
SINGEN
Radolfzell
Stockach
Überlingen
KONSTANZ
Kreuzlingen
Meersburg
SCHAFFHAUSEN
Diessenhofen
Stein a. Rh.
Frauenfeld
Weinfelden
WINTERTHUR
Kloten
ZÜRICH
Uster

Es war die schwerste und entscheidendste Nacht meines Lebens! Nachts um vier Uhr hämmerte es an meine Tür:

„Öffnen! Gestapo!"

Mit dieser gemeinen deutschen Kommandostimme, um die Menschen ja immer und überall sofort zu erschrecken.

Ich weiß es nicht bis heute, es ist ein Wunder in meinen Augen, dass ich es durchgehalten habe. Ich sagte ihnen, dass ich mich erst anziehen möchte, und öffnete dann die Tür. Ich öffnete die Tür nicht, wie normalerweise jemand in der Nacht die Tür geöffnet hätte. Ich dachte: Ich bin ein deutscher Offizier.

Ich öffnete also die Tür mit einem Ruck und schrie selbstverständlich:

„Heil Hitler!“ Das Zauberwort damals. Die Beamten standen draußen in ihren schwarzen Mänteln, die die Gestapo ja mit schwarzen Hüten trug. „Was machen Sie hier?“, war die nächste Frage. Darauf hatte uns Frau Meier vorbereitet. Wenn ihr in Grenznähe oder an der Grenze gefragt werdet, was ihr hier macht, dann ist eure Antwort: „Ich suche hier bei Bauern ein Quartier für meine in Berlin ausgebombte Familie.“ Das sagte ich ihnen, und das Ganze ging damit durch. Ich konnte natürlich nicht mehr schlafen, musste aber noch im Zimmer bleiben bis zum Morgen.

Ich kam in den Speisesaal zum Frühstück, und alles verstummte. Sie sahen, was ich in der Manteltasche seitwärts herausragen hatte: den VÖLKISCHEN BEOBACHTER. Das machten wir immer so, auch auf den Straßen Berlins, immer gut sichtbar eine Nazizeitung. Man war schon damals skeptisch, was den „Endsieg“ anbetraf und hatte sich wohl offen darüber unterhalten, als der “deutsche Offizier” in den Speisesaal trat.

Wie absurd!

VÖLKISCHER BEOBACHTER

Der Wille des deutschen Volkes erfüllt:

Der Reichstag übergibt Adolf Hitler die Herrschaft

Für Freiheit und Ehre der deutschen Nation! Gegen die Scheidung der Völker in

In der Nacht, bei völliger Dunkelheit natürlich, ging es dann unter der Führung des Herrn Höfler, des Bauern, über die Grenze. Ich habe diese Stelle oft wieder besucht, dort wo wir über die Grenze gegangen waren.

WIR KAMEN IN DER SCHWEIZ AN UND WAREN GERETTET.

ir taten alles, um möglichst schnell von der
renze wegzukommen. Frau Meier hatte uns
esagt: „Wenn ihr über die Grenze gekommen
eid, versucht alles, um so tief wie möglich
ns Land hineinzugelangen. Man schickt zurück –
nd so war es auch: Die lieben Schweizer hat-
en die, die sie fassten, an der Grenze
urückgeschickt. Zum Glück nicht mehr zu unse-
er Zeit. Die Kirchen und die Parteien waren
chon dagegen aufgestanden,
ber wir fürchteten es noch.
ir fuhren mit der Bahn bis
ach Zürich, wir hatten von
rau Meier sogar Schweizer
eld bekommen. Es ist uns
ichts geschehen. Wir kamen
ann in Zürich an und wur-
en dort verhaftet. In der freien Schweiz nun
erhaftet! Aber immerhin, nicht in Nazi-
eutschland! Wir kamen ins Gefängnis, in der
tadt Schaffhausen am Rhein, und waren dann
cht Tage dort eingesperrt. Was ich in Deutsch-
and zu meinem Glück nicht kennengelernt hatte,
as lernte ich nun in der freien, demokrati-
chen Schweiz kennen: ein Gefängnis von innen.
is sich die Tür öffnete am achten Tag – und
erein kam Herr Gideon, der Präsident der
üdischen Gemeinde Schaffhausen. Man hatte ihn
eholt, um zu prüfen, ob wir wirklich Juden
ind. Nun, er konnte sich sehr schnell davon
berzeugen. Und am nächsten Tag kam die Einla-
ung des Stadtpräsidenten, des Bürgermeisters
on Schaffhausen, ein reizender Mann, Herr
ringolf, der uns zum Mittagessen einlud.

Die Gruppe war in ständiger Verbindung mit mir es verkehrte Kurierpost von Botschaftern. Das Geld, welches von wohltätigen Organisationen aufgebracht worden war, kam nach Deutschland, für alle, um die Flucht anzutreten. Inzwischen waren zwei Frauen durch Herrn Strunck über Basel in die Schweiz gefahren und wurden im Zug verhaftet. Alles flog auf. Herr Strunck wurde gehenkt, und damit war der Fluchtweg nicht mehr möglich.

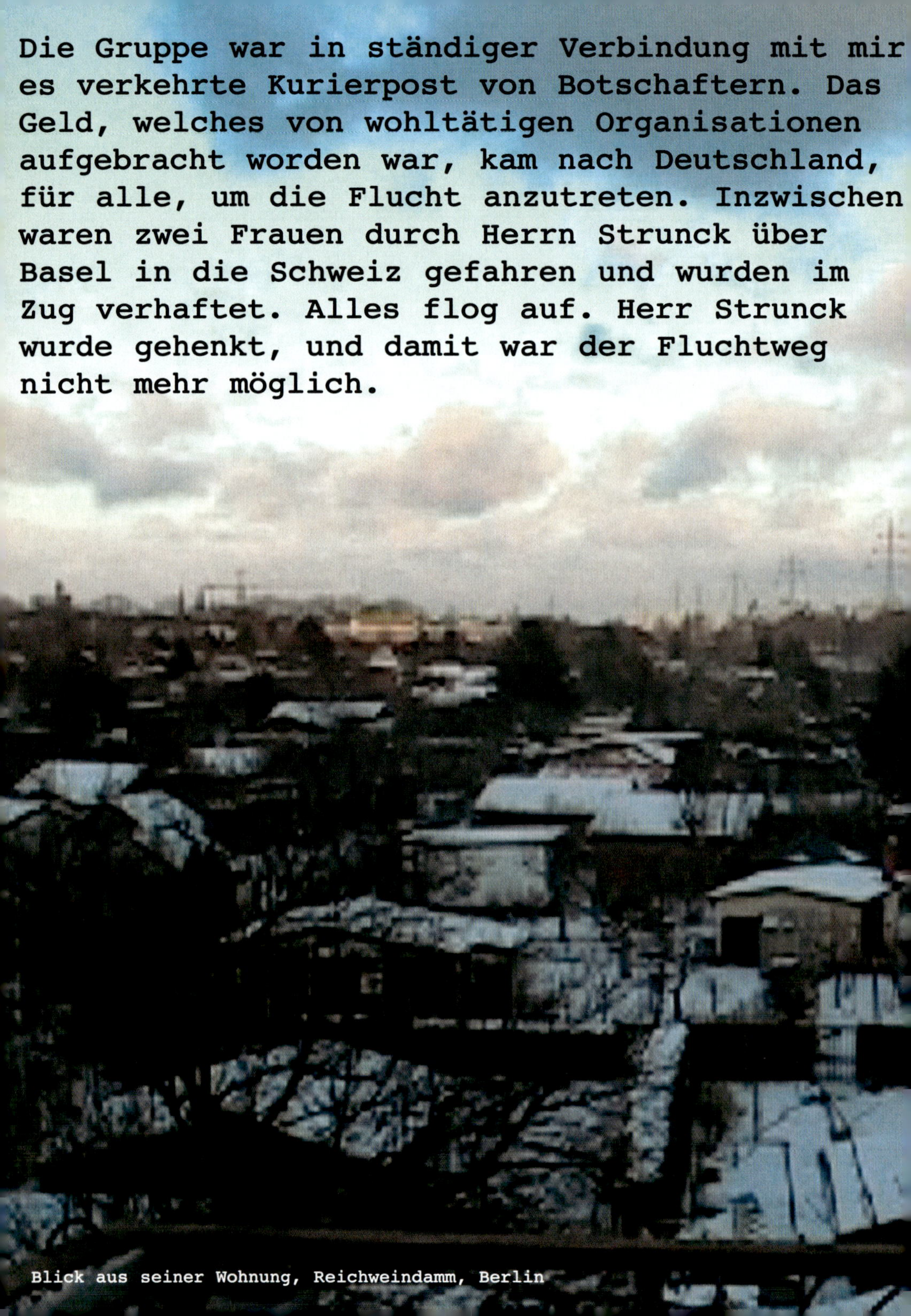

Blick aus seiner Wohnung, Reichweindamm, Berlin

Aber zu meinem großen Glück ist nach meiner Flucht aus Berlin kein Junge und kein Mädchen mehr verhaftet worden. Alle erlebten die Freiheit und leben heute zum Teil in Israel, zum Teil in den Vereinigten Staaten von Amerika und zum Teil in Berlin.

Das ist die Geschichte, die ich Ihnen erzählen wollte.

Jizchak Schwersenz starb zwei Tage nach seinem neunzigsten Geburtstag, am 1. Juni 2005 in Berlin.

Jizchak Schwersenz, 27. Februar 2005

Ich wurde am 12. März 1913 geboren.

Sarah Shner

Ich bin jetzt bald 92 Jahre alt und bin sehr vergesslich. Viele in meinem Alter haben die Alzheimer-Krankheit und können sich an gar nichts mehr erinnern.

Was tun Sie, an was arbeiten Sie hier an Ihrem Schreibtisch?

Sarah: Wir schreiben und publizieren über die Vernichtung des jüdischen Volkes, wie es geschah, warum es geschah – und über den Widerstand gegen die Vernichtung: über die Partisanen und andere Widerständler.

So erziehen wir die Jugend, dass man nicht passiv sein soll. Man muss immer

kämpfen gegen Unrecht und Vernichtung.

Und an was arbeiten Sie gerade im Moment?

Das hier ist ein Brief aus Polen von ehemaligen Nachbarn meines Elternhauses. Mein Familienname war Duschnitzki.

Wir hatten ein Gut an der polnisch-litauischen Grenze, das hieß Duschnitza. Dort lebten wir, bis wir in die Stadt zogen.

Die Nachbarn kannten meine Eltern, ich war ein kleines Kind damals. Mein Vater war sehr beliebt, er wurde verehrt, und alle Nachbarn waren seine Freunde. Einer von ihnen hat jetzt geschrieben und geschildert, wie es war, als die Juden von dem Gut in den Tod geführt wurden. Einer der Juden hat Shalom mit seinem Arm gewunken. Die Nachbarn waren sehr gerührt und haben geweint.

Ich übersetze diese Briefe ins Hebräische. Sie werden in unserem Archiv verwahrt, wo es auch Berichte über meine Familie gibt. Wenn keine Briefe ankommen, schreibe ich über den Holocaust: Wer waren die ermordeten Juden, und wer waren die Leute, die sie ermordeten. Das ist eine geschichtliche Arbeit. Es gibt keine Erklärung für Mord!

Wer mordet, ist ein Mörder!

Ich schreibe, wie und wann sie gemordet und was sie geraubt haben … Sie sind in die Wohnungen gegangen und haben alles mitgenommen. Die Erklärung ist, dass sie Antisemiten waren. Sie wollten keine Juden in Polen. Sie wollten alles, sie wollten unser Leben, und sie wollten unser Hab und Gut. Das waren einige Polen und die deutschen Nazis.

Ich war immer sozialistisch / zionistisch, ich sehnte mich nach

Eretz Israel.

Ich wollte immer, dass wir einen eigenen Staat haben und dass ich in meinem Staat leben kann.

Ich wollte immer, dass alle gut leben, auch die Araber sollen ein gutes Leben haben. Im Moment ist die Situation hier sehr problematisch, wie unser Leben überhaupt … Wie wir leben, wohin wir streben und wozu. Die Zukunft wird es zeigen. Ich hoffe nur, dass wir mit den Arabern in Frieden leben und es keine Feindschaft gibt zwischen Juden und Arabern. Das ist mein Ideal.
Das Mädchen, das mit mir arbeitet, Amal, ist Araberin, und wir sind sehr gut befreundet. Sie kommt aus einem arabischen Nachbardorf. Viele aus diesem Dorf sind unsere Freunde.

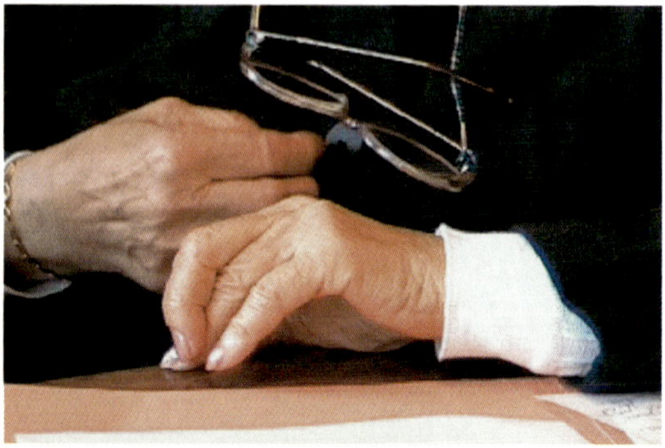

Als ich anfing, in der zionistischen Bewegung zu arbeiten, habe ich meinen Namen **hebräisiert**:

Vorher hieß ich

Sonja,

jetzt heiße ich

Sarah.

Und das ist meine Geschichte:

Ich war in 24 Ghettos und bin immer weggelaufen. Ich bin in Polen geboren, aber meine Jugend verbrachte ich in Litauen. Ich habe dort auch studiert – Psychologie.

Ich war schon das erste Mal verheiratet, als 1939 der Krieg losging.

Mein Mann wurde im Juli 1941 im Wald von deutschen Fallschirmjägern erschossen, einen Monat nach Beginn des deutschen Überfalls auf die Sowjetunion, als wir auf dem Weg zur russischen Grenze waren.

Ich rannte weg und ich hörte noch, wie mein Mann mir zurief: "Lauf, Sonja! Schnell!" Ich bin gerannt

und habe meinen Kopf an einem Baum verletzt und wurde ohnmächtig. Natürlich haben die Soldaten mich verfolgt, aber wie sie mich ohnmächtig liegen sahen, dachten sie wohl, ich sei tot, und ließen mich liegen. Als ich aufwachte, war ich ganz allein.

Warum haben sie mich nicht auch erschossen?

Sie hatten gesehen, dass wir Juden waren. Dann lief ich los. Ich wollte über die sowjetische Grenze kommen, denn die Russen waren freundlich zu uns.

Damals, als man begann, die Juden zu ermorden, bin ich von Litauen nach Polen gewandert. Dort wurde ich verhaftet. Im November 1941 kam ich in das Lager Dvorets. Es gab zwei Konzentrationslager in Dvorets, ich war in dem der Deutschen Wehrmacht, nicht in dem der SS. Aber auch dort sind alle umgebracht worden. Es existierte nur ein Jahr lang.

Ich arbeitete als Krankenschwester auf der Krankenstation des Lagers.
Im Dezember 1942 kamen SS-Soldaten, um die Lagerinsassen von Dvorets zu deportieren.

Ich versteckte mich mit einer Gruppe von fünfzig Frauen und Kindern in einem Keller unter der Küche.

Über uns konnten wir Stimmen und Geräusche hören, der dumpfe Klang eines Gegenstandes, der über unseren Köpfen auf den Boden geworfen wurde.
Bald würden sie hier sein. Aber nein, sie fanden den Eingang unter dem Ofen nicht. Eine Tür schlug zu. Wir hörten eine Explosion, und der Keller bebte.
Es war wieder ruhig für eine Weile.
Nur aus der Ferne konnten wir das Rattern der Maschinengewehre hören.

Die kleinen Kinder hielten es nicht mehr aus, ganz besonders die Babys. Es gab kein Wasser und keine Luft zum Atmen. Ein Baby weinte.

Über uns, in dem Raum über dem Bunker, hörten wir Fußtritte. Wahrscheinlich Deutsche oder Polizisten, die das Krankenhauspersonal suchten.

Wenn sie die Metallwanne von der Falltüre schieben würden, wüssten wir Bescheid. Plötzlich hörten wir das Quietschen des Metalls, das gewaltsam zur Seite geschoben wurde, und das Geräusch von Soldatenstiefeln. Wir hielten den Atem an. Das Baby wimmerte... Da waren Schritte im Raum über dem Keller. Geflüster erfüllte die Luft – in meinen Ohren klang es wie das Zischen von Schlangen: SCHHHH! Schsch! Dutzende von Händen griffen nach der Mutter und dem Baby.

Das Bild sehe ich immer noch vor mir: Die Hände streckten sich zu der elenden Mutter, wie Hexenfinger in den Märchen – Finger mit langen, gebogenen Nägeln, bereit, sich in menschliches Fleisch zu bohren.

“Bring es zum Schweigen! Halt ihm den Mund zu, oder wir tun es.”

Die Leben von mehr als fünfzig Juden hingen vom Schweigen eines Babys ab.

“Gebt mir ein Kissen, ich tue es”, flüsterte die Mutter. Sie presste das Kissen auf das Gesicht des Kindes.

Stille im Bunker. Stille, die man mit einem Messer schneiden konnte.

Zehn, zwanzig Minuten vergingen.
Die Mutter entfernte das Kissen, das Baby lag tot in ihren Armen. Sie nahm den Körper ihres toten Babys und warf ihn mir zu. Der war immer noch warm, ich fühlte es.
Da es so eng war, hatte ich meine Beine unter mir verschränkt. Es gab keinen Platz für die Leiche. Ich blieb zusammengekauert auf meinem Platz, mit dem toten Körper auf meinem Schoß. In dieser Stellung blieb ich zwei ganze Tage, achtundvierzig Stunden, vielleicht sogar länger.

Das Leben von fünfzig Menschen war gerettet, für den Moment, und ich? Würde ich verrückt werden? Würde ich den Körper des erstickten Babys für den Rest meines Lebens auf meinem Schoß behalten?

Von oben hörte man keine Geräusche mehr.

Wir begriffen, dass die Mörder gegangen waren.

Ich bin weggelaufen aus Dvorets und bin zu den Partisanen gekommen, das war früher eine jüdische Kampfgruppe. Danach kam ich in eine russische Kampfgruppe.
Ich war auch eine Partisanen-Krankenschwester. Es gab Typhus und Verwundete, die ich behandeln musste. Ich musste zu den Kämpfen mitgehen.

Einmal bin ich mit einem Verwundeten, einem Weißrussen, alleine zurückgeblieben. Die Gruppe war fortgelaufen.

Da gab es den russischen General Wlassow, der hat mit den Deutschen kollaboriert. Er hat mit der Deutschen Wehrmacht zusammen gegen seine Heimat gekämpft.
Die Soldaten des Generals waren sehr grausam – schrecklich! Wenn sie einen Juden gefasst hatten, haben sie ihn mit einem Messer umgebracht.
Ich hatte mit dem Verwundeten eine Vereinbarung getroffen, wenn wir in die Hände von Wlassows Leuten geraten, dann soll er mich erschießen.

Er hatte eine russische Pistole, ich hatte nichts. Dann haben uns vier Wlassower gefangen genommen.
Sie fragten: „Wer bist du?“ Er sagte: „Ich bin Russe, ein Landsmann.“ Sie haben bei ihm die Pistole gefunden. Ich hatte darauf gewartet, dass er mich erschießt, aber die Pistole war schon weg.

Zwei der Wlassower haben mich gepackt, ich befand mich zwischen den beiden in der Mitte. Da habe ich wild um mich geschlagen und mit den Ellbogen gestoßen und bin wieder fortgelaufen.
Es war in einer sumpfigen Gegend in einem Wald. Da war ein Graben, ein Loch von einem umgefallenen Baum, in dem war Wasser. Ich bin hineingesprungen und untergetaucht. Sie haben mich gesucht und nicht gefunden.

Das Wasser war nicht so klar, dass sie mich hätten sehen können. So sind sie fortgegangen. Ich bin aus dem Wasserloch gestiegen und habe dann meine Partisanen-Kameraden wiedergefunden. Bei ihnen bin ich geblieben, bis wir von den Russen befreit wurden. Den Verwundeten hatten sie nicht getötet, sie nahmen ihn mit.

Da kamen auf einmal sowjetische Flugzeuge, und da sind die Wlassower geflohen. Der Verwundete hat den Krieg überlebt.

Ich habe Glück gehabt, weil ich immer weggerannt bin!

Ich habe immer behauptet, dass ich entweder eine Polin bin, eine Litauerin oder eine Russin. Diese Sprachen spreche ich alle. Als Polin wurde ich, als ich dort in Gefangenschaft geriet, herzlich empfangen. Ich sagte, dass ich hier etwas erledigen müsse, Verwandte besuchen. Sie gaben mir die Erlaubnis – so bin ich einfach weggelaufen, durch die Felder. Dann habe ich mal erzählt, ich sei eine christliche Polin und wolle in der nahe gelegenen Kapelle beten. Sie haben mich gehen lassen, **ich habe gebetet und bin wieder durch das Fenster geflüchtet.**

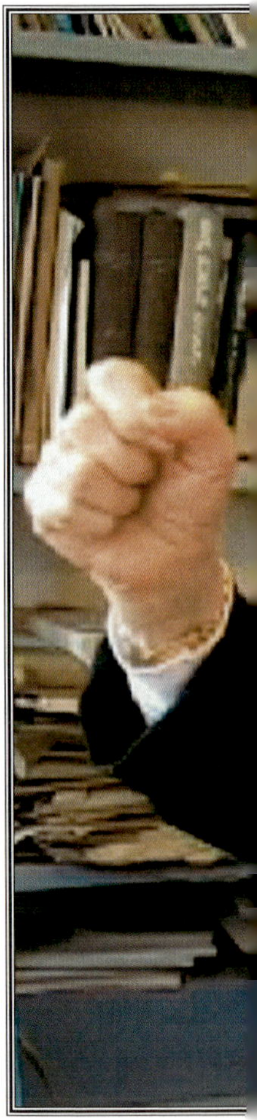

Kurz vor Ende des Krieges wollte ich nach Minsk mit einer Freundin, die Stadt war schon befreit, es waren 40 bis 50 Kilometer zu Fuß. Da kamen uns deutsche Fallschirmjäger auf dem Weg entgegen. Sie haben uns sofort verhaftet und uns in einem verlassenen Haus in ein Zimmer eingeschlossen. Sie gingen dann saufen, sie tranken Schnaps, und dann schliefen sie. **Ich habe mit der Faust das Fenster zerschlagen und mir die Hand verletzt. Durch das Fenster bin ich mit meiner Freundin weggelaufen.**

Wir haben von Leuten in einer Hütte Essen und Trinken bekommen.
Da hat die Wirtin gesehen, dass meine Hand blutet. Sie hat mir ein frisches Hemd gebracht. Ich habe mich gewaschen und umgezogen, und sie hat mir einen Schlafplatz bereitet.
Ich habe mich hingelegt und habe so getan, als ob ich schlafe, **und als niemand mehr wach war, bin ich durch das Fenster wieder weggelaufen.**

Es waren immer unterschiedliche Situationen, und man musste jede ausnutzen.

Meine Freundin und ich sind durch die Straßen gegangen, als uns eine litauische Gruppe Soldaten entgegenkam. Sie haben uns verhaftet. Meine litauische Sprache ist sehr perfekt. Ich habe ihnen gesagt, ich bin eine Litauerin, und ich will nach Hause, ich komme aus der sowjetischen Haft. Ich bin geflohen, weil ich in mein Dorf möchte. Da haben sie mich sehr gut behandelt, weil sie dachten, ich sei Litauerin.
Bei Nacht bin ich wieder entkommen.

Dann haben wir ein sowjetisches Bataillon getroffen. Denen habe ich erzählt, dass ich eine Partisanin bin. Ich sei von den Litauern weggelaufen, und ich bäte sie, dass sie mich freundschaftlich aufnehmen. Ich bin mit ihnen mitgegangen. Ich habe mit ihnen Bomben unter die Schienen gelegt.

Man musste sich immer neu orientieren. Und natürlich habe ich nie jemandem erzählt, dass ich Jüdin bin. Ich war in 24 Lagern und bin immer weggelaufen.

Als ich frei war, wollte ich wissen, ob von meiner Familie jemand am Leben geblieben war. Meinen Vater hatte ich nicht mehr. Ich hatte noch meine Mutter und meine Schwester, die an der Grenze lebten in einer Stadt, in der eine sowjetische Garnison stand. Sie haben die Familien nach Russland evakuiert. Dort lebte ein Bruder meiner Mutter, bei dem sie den Krieg überlebt haben. Später sind sie nach Litauen zurückgekommen.

Ich wollte also wissen, ob jemand lebt und bin zu Fuß von Slonim in Weißrussland nach Kaunas in Litauen, bis 1940 die provisorische Hauptstadt, gewandert.

Viele Litauer hatten mit den Deutschen kollaboriert und viele Juden ermordet. Ich sagte meiner Schwester, dass ich nicht mehr in Litauen leben will –

ich gehe nach Israel!

Für Israel brauchte man ein Zertifikat, das ich nicht hatte.
1948 bin ich wieder illegal nach Polen gekommen – dort lernte ich meinen zweiten Mann kennen,

Zwi Shner.

Er war Rechtsanwalt, Journalist und Schriftsteller. Wir haben geheiratet, wir haben drei Söhne.
Hier ist seine Fotografie – er ist 1984 gestorben.

Mit meinem Mann kamen wir damals nach Israel. Mit Freunden waren wir die ersten Organisatoren von diesem Kibbuz

LOHAMEI HAGHETAOT – KIBBUZ DER GHETTOKÄMPFER.

Am Anfang haben wir in Zelten gelebt, später in Baracken.
Gleich als wir kamen, haben wir das Museum gegründet.
Zwi wurde der Direktor von diesem Museum.

Zivia und Yitzhak Zuckerman.
Anführer des Warschauer Ghetto-Aufstands,
Gründer des Kibbuz Lohamei Haghetaot.

ZIVIA AND YITZHAK (ANTEK) ZUCKERMAN
STUDY CENTER
מרכז לימודי
צביה ויצחק (אנטק) צוקרמן
יצחק (אנטק) צוקרמן
צביה לובטקין - צוקרמן
ממפקדי מרד גיטו ורשה
וממייסדי קיבוץ לוחמי הגיטאות
ITZHAK (ANTEK) ZUCKERMAN
ZIVIA LUBETKIN - ZUCKERMAN
LEADERS OF THE WARSAW GHETTO UPRISING
FOUNDERS OF KIBBUTZ LOCHAMEI HAGHETTAOT

museum למוזיאון
מוזיאון MUSEUM
מרכז לימודי STUDY CENTER
משרדים OFFICES
ספריה LIBRARY
מזנון BUFFET
שרותים TOILETS
With the assistance of he Conference

תכנית אב להתחדשות בית לוחמי הגטאות
CAPITAL CAMPAIGN FOR THE RENOVATION OF
THE GHETTO FIGHTERS' HOUSE MUSEUM
NEW CONSTRUCTION
הבניה בשיתוף ועידת
wish Material Claims Against Germany

ICH ARBEITE HIER JETZT SCHON MEHR ALS 50 JAHRE!

Jean Paul Sartre, Simone de Beauvoir, rechts Zvi Shner

Madleine
Dorka
zu Hause
סבתא בת 90
nzigster
Milek
Tali, Sarahs
Schwiegertochter

Wir sind aus Israel gekommen, wo wir vorher auch sehr gerne gelebt haben, aber meine Frau hat das Klima nicht vertragen.

Meine Frau habe ich in Genua 1945 kennengelernt, anlässlich der Überfahrt nach Israel.
Weinryb

Was
hängt
da um
Ihren
Hals?

Das bedeutet

HAI

– das Leben –

auf Hebräisch.

Wo sind Sie geboren?

:h bin 1922 in Polen in dem kleinen Städt-
hen Zarki, in der Nähe von Krakau /
:zestochowa, geboren. Wie der Krieg 1939
ısbrach, war ich siebzehn Jahre alt. Das
tädtchen hatte 3000 jiddische Einwohner.
00 Jahre hat das Städtchen exisitiert – am
ıeisten Juden haben dort gelebt mit ihren
ewohnheiten und Traditionen, religiösen,
ıd verschiedenen Parteien.

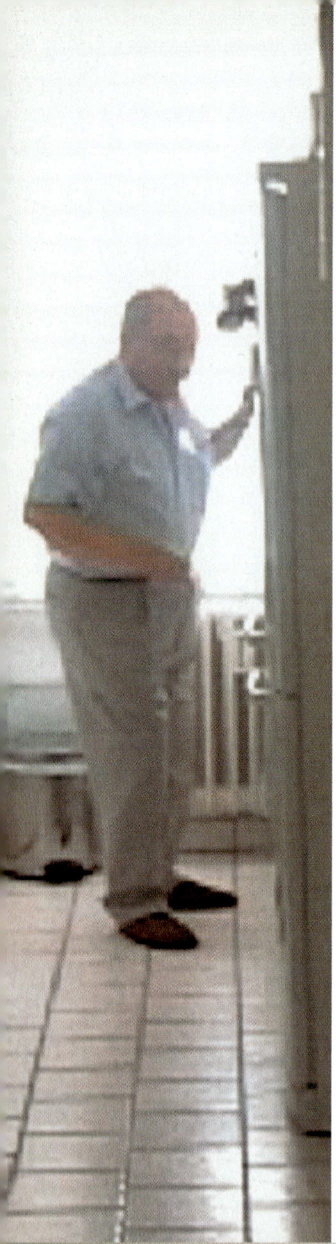

Sie haben uns dann alle herausgetrieben auf den Marktplatz, haben Hunderte noch erschossen, die übrigen haben sie in einen Betrieb gebracht, Hassak, nicht weit von Czestochowa.
Da wurde Munition hergestellt – dort haben wir gearbeitet bis Januar '45.
Und da hat man Sie nicht umbringen wollen?
Wir waren da illegal, wir hatten andere Namen.
Sie haben viele erschossen, wir und noch einige sind am Leben geblieben – **ich war jetzt Pole.**

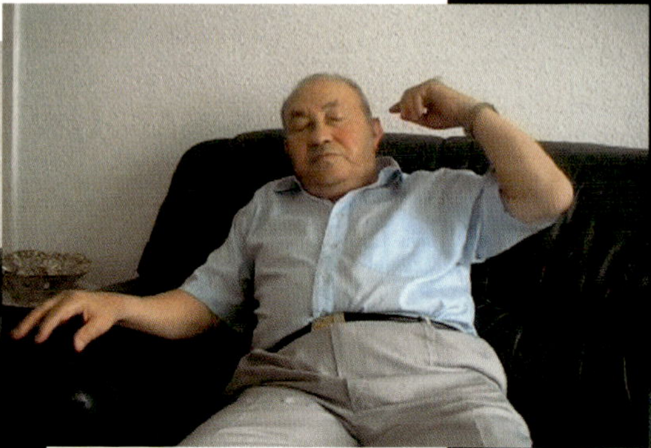

ie haben keine eiße Armbinde etragen, Sie haben ich als Pole aus- egeben?

a, wir, mein ruder und meine rei Freunde. ie haben uns zur rbeit gebraucht. ch hatte den Namen eintraub, Vorname arek. Man sollte icht wissen, wer ch in Wahrheit ar. Dann näherte ich die Rote Armee it einer Offensive on Warschau bis zestochowa. ir arbeiteten in wei Schichten, ich rbeitete in der achtschicht. Wir aben in Baracken eschlafen, die ine Schicht haben ie nicht gesehen, ie andere, wo ich abei war, haben ie Deutschen mor- ens um vier mit unden rausgetrie- en.

... Die SS hat uns in Waggons geschmissen, 120 Menschen haben sie in Richtung Konzentrationslager Buchenwald gebracht –

ich bin also noch nach Buchenwald gekommen –

und die andere Schicht ist von der Roten Armee befreit worden.

Radegast Bahnhof / Lodsch
Holocaust-Gedenkstätte

KRUP

Gleise für den Transport in die Konzentrationslager – Bahnhof Radegast in Lodsch

Buchenwald
Stadt Weimar
Gedenkstätte
Buchenwald

Ich war von Januar bis April
1945 in Buchenwald.

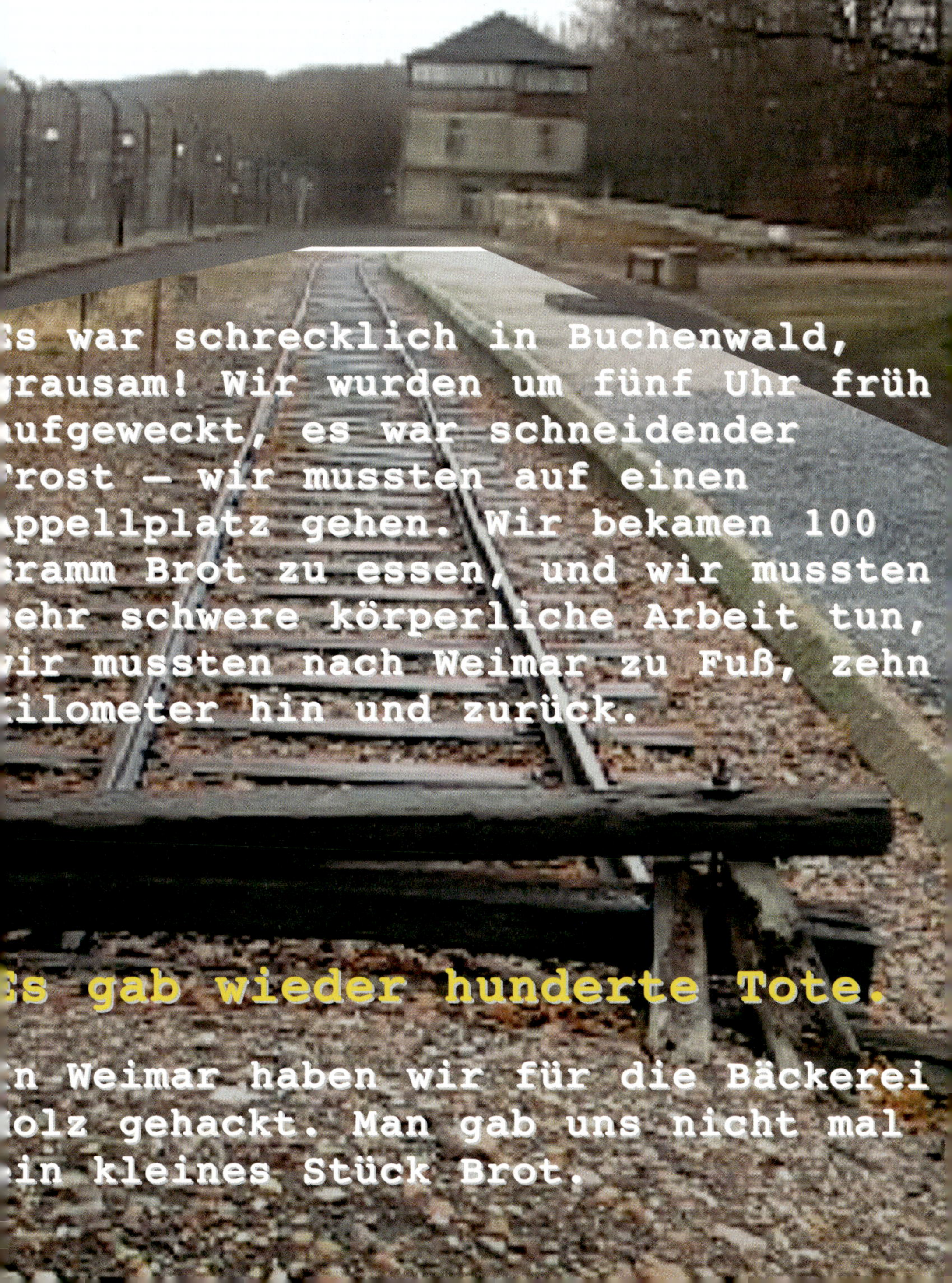

Es war schrecklich in Buchenwald, grausam! Wir wurden um fünf Uhr früh aufgeweckt, es war schneidender Frost – wir mussten auf einen Appellplatz gehen. Wir bekamen 100 Gramm Brot zu essen, und wir mussten sehr schwere körperliche Arbeit tun, wir mussten nach Weimar zu Fuß, zehn Kilometer hin und zurück.

Es gab wieder hunderte Tote.

In Weimar haben wir für die Bäckerei Holz gehackt. Man gab uns nicht mal ein kleines Stück Brot.

Wenn wir nicht nach Weimar mussten, haben wir Steine geschleppt auf dem Buckel. Später waren dort 50000 Häftlinge, Engländer, Franzosen, Russen, Belgier, auch deutsche Politische waren dabei.

Die waren alle bei der Befreiung noch am Leben? Was für ein Glück sie hatten!

Moment, Moment, ich bin noch nicht fertig: Zehn vor zwölf hat die SS noch geschossen und gemordet. Die Amerikaner waren sieben Kilometer von Weimar entfernt. Alle sollten zum Appell, die Polen und Holländer standen extra, die und die. Sie haben gesagt, alle, sämtliche Juden sollen auf den Appellplatz kommen. Und die

Politischen, das waren doch Sozialdemokraten, Kommunisten und Widerstandskämpfer, die haben zu uns gesagt: Kein Jude geht hier heraus – wenn ihr auf den Appellplatz geht, werden alle ermordet. Es war ganz kurz vor dem Ende des Krieges. Also ist niemand auf den Appellplatz gegangen.

Wir haben uns versteckt im Bett bei den Franzosen, das war abends, und morgens früh ist die SS in alle Baracken rein, sie haben alle Häftlinge auf den Appellplatz getrieben.

Ich war ja versteckt im Bett bei den Franzosen, die Politischen haben sich auch versteckt.

Es waren viele Juden, die sie rausgetrieben haben auf den Appellplatz, und dann hat man sie auf den Todesmarsch geschickt, das war ein paar Tage vor der Befreiung. Nur die Juden wurden so ermordet.
Am nächsten Morgen haben sie die Polen rausgetrieben – systematisch wollten sie alle liquidieren. Das ist aber nicht gelungen, die Engländer, die Amerikaner und die Russen waren schon in der Nähe.

Wohin ging der Todesmarsch?

Sie haben alle in den Wald getrieben und sie dort alle erschossen – in dem Wald bei Buchenwald. Danach haben sie die Polen auf den Marsch geschickt, da bin ich mitgegangen – aber die Polen haben sie dann nicht ermordet. Danach hat die Gestapo und die SS nach Juden gesucht, da haben sie mich erwischt und noch einige hundert. Man hat uns wieder in Waggons geladen und in das Ghetto Theresienstadt gebracht.
Da wurde ich sehr schwer krank, im Krankenhaus mit Typhus und Dysenterie – nach vier Wochen habe ich erfahren, dass ich befreit bin.

„Blutstraße"
von Häftlingen des KZ Buchenwald
1938/39 erbaut
"Blood Road"
Built by inmates of the Buchenwald
Concentration Camp in 1938-39

Ich hatte ja keine Perspektive, die Ärzte wollten schon mein Bett, ich war schon fast tot. Nachher, langsam, langsam habe ich mich erholt. Die Russen haben uns dort befreit. Dann bin ich nach Polen gekommen im Juli, in unser altes Haus in Zarki. Eine Schwester haben wir getroffen, die hat überlebt in Auschwitz. Mein Bruder war auch in Auschwitz – er ist umgekommen beim Todesmarsch.
Er wurde von mir in Theresienstadt getrennt.

Sie haben wieder Glück gehabt!

Ich habe gekämpft, es war Glückssache – versteckt in Radomsko, in Czestochowa gekämpft, in Buchenwald versteckt.

Wie der Krieg beendet war, war ich 22.

Es war grauenhaft!

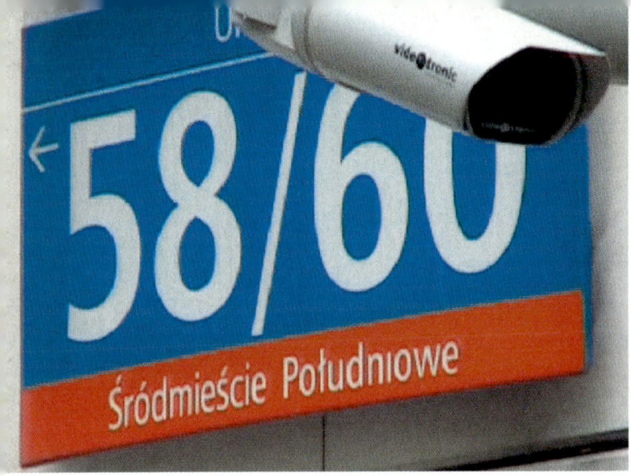
58/60
Śródmieście Południowe

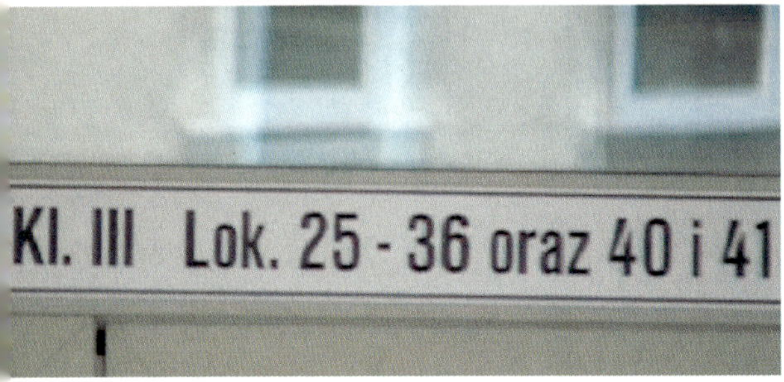
Kl. III Lok. 25 - 36 oraz 40 i 41

58/60

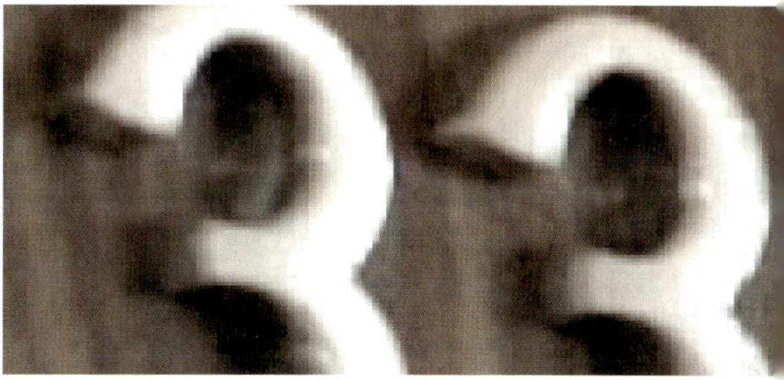

33

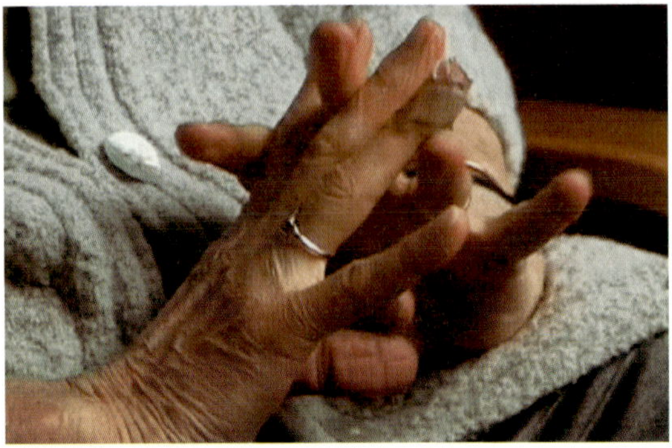

Ich bin in Deutschland geboren als Kind von polnischen Eltern, die Juden waren und in Magdeburg einige Jahre lebten und arbeiteten. Mit zwei Jahren kam ich nach Polen und habe mit meinen Eltern und Geschwistern bis zum Ausbruch des Kriegs zwischen Deutschland und Polen 1939 in Kattowitz gelebt.

Mein Vater und mein Bruder wohnten eine Zeitlang in Lemberg, weil es dort sicherer schien, der Verhaftung durch die Deutschen zu entgehen.

Irene Wygodzki, geb. Beitner, geb. 1922 in Magdeburg

1941 fuhr auch ich nach Lemberg, weil ich erfahren hatte, dass mein Bruder Selbstmord begangen hatte er war achtzehn Jahre alt Er sah keinen Sinn mehr i Leben.
So kam ich zu meinem Vate nach Lemberg, und nach einem Monat ist der Krieg ausgebrochen zwischen Deutschland und Russland, am 22. Juni 1941.
Ich lebte noch einen Mona mit meinem Vater, dann

eranstalteten die
eutschen ein Pogrom
egen die Juden.
an hat uns aus dem
aus geholt.
uerst mussten wir auf
ie Polizei, von da
us wurden wir in ein
efängnis gebracht,
o wir die ganze Nacht
tehen mussten.
s waren Deutsche und
krainer, sie haben
ns geschlagen, aber
ur die Männer.

Wir standen die ganze Nacht in einem Korridor, und am Morgen haben sie uns runtergeholt auf den Gefängnishof. Mit den Händen hoch zur Wand mussten wir stehen. Es waren ein paartausend Leute dort. Zuerst gingen die Männer, dann die Frauen herunter. Ich habe meinen Vater gesehen, ich wollte ihn begleiten, aber ein Ukrainer hat mich festgehalten. Dann sah ich auf dem Hof meinen Vater, wie seine Haare ganz grau wurden. Wir standen ein paar Stunden auf dem Hof, die Deutschen haben uns registriert. Sie haben alles genau aufgeschrieben, wer, wie, was und wo. Als ich an die Reihe kam zu dem SS-Mann, der dort am Tisch saß, hat der mich gefragt wie alt ich sei. Ich habe ihm gesagt: achtzehn. Er fragte mich nach meinem Ausweis, in dem stand ja, dass ich in Magdeburg in Deutschland geboren bin. Wahrscheinlich deshalb ließ er mich frei. Ich verließ das Gefängnis. Alle anderen wurden bei Lemberg in den Wäldern ermordet. Das habe ich erst nach dem Krieg erfahren. Ich wollte wissen, was mit meinem Vater geschehen war.

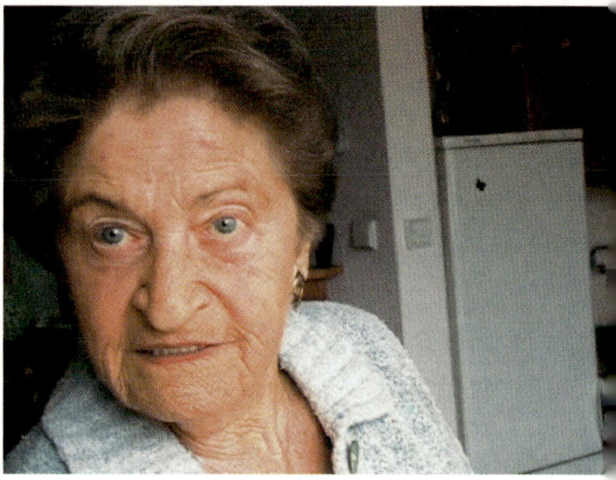

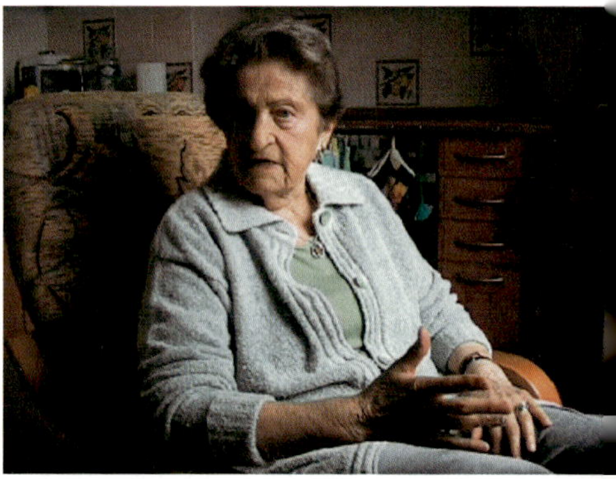

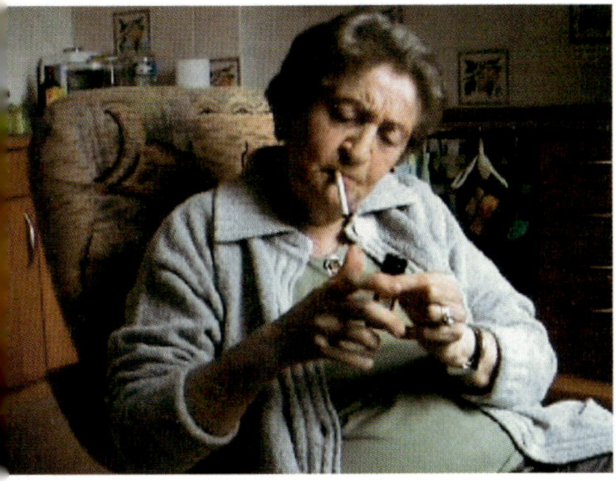

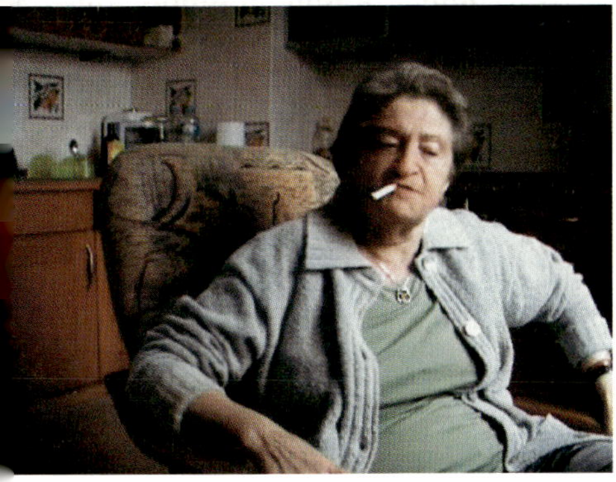

- Darf ich eine Zigarette rauchen? -

- Ja, selbstverständlich! -

Sie verstehen, ich bin aufgeregt – und ich bin dann alleine in dieser Wohnung geblieben, in der ich mit meinem Vater gewohnt hatte. Nach ein paar Monaten wollte man in Lemberg ein Ghetto gründen, da habe ich mich entschlossen, zu meiner Mutter zurückzureisen. Das war alles nicht so einfach. Ich hatte keine Dokumente, ich hatte ein Abschlusszeugnis vom Gymnasium, mit einem Bild von mir. Der Sohn einer Freundin hatte mir zwei Sorten Tinte gegeben. Die eine war eine ganz gewöhnliche, mit der anderen konnte man alles, was geschrieben stand, auslöschen. Da habe ich meinen Namen geändert auf

Emilia Dudkowska

und habe geschrieben, dass ich katholisch bin, aber meinen Geburtsort Magdeburg habe ich stehen lassen. Mit diesem Dokument habe ich mich auf den Weg nach Sosnowitz gemacht, wo meine Mutter mit meinen zwei kleinen Schwestern wohnte.

Es war sehr schwierig, weil es keine Möglichkeit gab, mit der Bahn oder mit dem Auto zu fahren. Ich habe Autostopp gemacht, und verschiedene Leute haben mich mitgenommen.
Dann musste ich noch die Grenze zwischen dem Generalgouvernement und dem Deutschen Reich überschreiten. Ich hatte wieder Glück, jemand hat mir geholfen, den Weg über die Grenze zu finden. Da bin ich in das kleine Städtchen Olkusch gekommen, von dort wollte ich nach Sosnowitz.
Ich bin in einen Autobus eingestiegen, aber bevor wir losfuhren, kam einer von der Deutschen Wehrmacht und befahl allen Leuten, den Bus zu verlassen. Er fragte, wer Deutsch kann. Ich habe mich gemeldet, und er sagte, dass ich dolmetschen soll. Ich sollte allen Frauen sagen, dass sie alle Tabakblätter, die sie bei sich hatten, abgeben müssten. Dann hat er sie freigelassen.

Aber ich sollte noch bleiben

Der Soldat fragte mich: "Was machst du hier? Hast du eine Kennkarte?" Ich wusste nicht, was das war. Ich hatte nur dieses Dokument, das ich mir gefälscht hatte. Das habe ich ihm gezeigt. Er sagte: "Ach, du bist in Magdeburg geboren. Warum gehst du nicht dorthin zurück?"

Ich sagte ihm, dass ich nach Kattowitz zu meiner Mutter fahre.
Er hat meine Schuhe angeguckt: "Ich sehe, dass du über die Grenze gegangen bist."
Da habe ich mir ein Märchen ausgedacht.

Ich sagte ihm: "Mein Freund hat mich verlassen, und ich bin ihm nachgelaufen. Wahrscheinlich habe ich mir dabei die Schuhe schmutzig gemacht."
Er entgegnete: "Es ist Weihnachtszeit, ich will dir nicht das Fest verderben. Ich will dich aber in Kattowitz wiedertreffen an dem und dem Tag, um soundsoviel Uhr auf dem Bahnhof. Wehe, du kommst nicht, dann werde ich dich schon finden."
Er ließ mich also frei.
Als Erstes bin ich in einen Hausflur und habe meine Schuhe geputzt, dann bin ich zum Bahnhof gegangen und mit dem nächsten Zug nach Sosnowitz zu meiner Mutter gefahren. Zum Glück habe ich den deutschen Soldaten nicht wiedergetroffen.

Später wurde ich doch noch verhaftet und kam in das Arbeitslager Oberaltstadt in der Tschechoslowakei, das später auch ein Konzentrationslager wurde. Dort war ich dreieinhalb Jahre bis zum Ende des Krieges –

wir wurden von den Russen befreit.

Ich war in dem Lager befreundet mit einem Mädchen namens Rena, die mir von einem Schriftsteller Wygodzki erzählt hatte.

Diesen Mann habe ich in Deutschland gesucht und kennengelernt. Ich besuchte ihn im Krankenhaus in Gauting. Er hatte Tuberkulose.
Wir haben uns verliebt. Am 11. März 1946 haben wir in Feldafing geheiratet. Auf Schloss Elmau haben wir unsere Flitterwochen verbracht. 46 Jahre waren wir verheiratet.

Nach dem Krieg sind wir zuerst nach Polen zurück, wo wir bis 1968 geblieben sind. Dann brach wieder eine Welle von Antisemitismus aus, und man hat uns rausgejagt. Schließlich sind wir nach Israel gegangen. Wir haben zwei Kinder, Adam und Eva. Mein Mann ist in Israel gestorben, 1992.

Nach dem Tod meines Mannes bin ich 2002 wieder nach Polen zurück. Es hat sich vieles verändert, ich fühle mich hier jetzt wohl. Meine beiden Kinder sind auch aus Israel ausgewandert. Sie leben beide in Frankreich – so habe ich es nicht so weit zu ihnen. Mein Sohn ist mit einer Schweizerin verheiratet, meine Tochter mit einem Franzosen, und sie haben beide Kinder.

Ich wollte Ihnen aber noch etwas über meinen Mann erzählen.

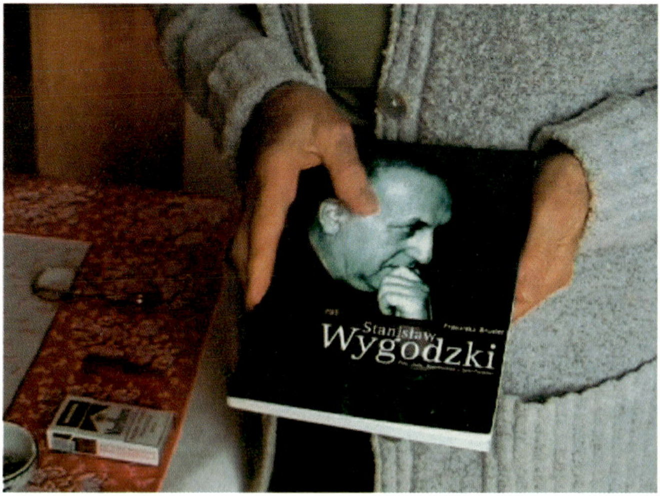

Er war schon einmal verheiratet. Er wurde am 1. August 1943 von Bendsburg nach Auschwitz gebracht, zusammen mit seiner damaligen Frau, seiner vierjährigen Tochter und seinen Eltern. Sie wussten genau, wohin die Reise ging. Im Waggon nach Auschwitz nahmen seine Frau, sein Kind und er Gift, Luminal. Als sie in Auschwitz ankamen, waren seine Frau und sein Kind tot. Er selbst war ohnmächtig, er blieb am Leben. Man hatte ihn nicht vergast, wie seine Eltern, er musste arbeiten.
Später transportierte man ihn nach Dachau und dann nach Sachsenhausen, wo er die Befreiung erlebte.

Konzentrationslager Dachau, 1973

Kulturpalast in Warschau

Danksagung

Viele haben zur Entstehung dieses Buches beigetragen, zuallererst natürlich diejenigen, die mir von ihrem Leben erzählten. Ihnen allen sei hier noch einmal herzlich gedankt. Ich danke auch Anna Adam, Ruthy Baniel, Stefan Becht, Dr. Stefan Bollmann, Basia Diduszko, Franz Greno, Jan Jagielski, Jürgen Neugebauer, Familie Nowak, Dr. Marcel Reich-Ranicki, Jalda Rebling, Stefan Saarbach, Renate Saavedra, Heidrun Schäfer, Sara Stinshoff, UFO Harald V. Uccello und Rainer Wieland.

D.M.M.

Bildnachweis

(Zählung nach Doppelseiten im jeweiligen Kapitel):

FELDENKREIZ: Seite 3, Foto Kinderkleider: Staatliches Museum Auschwitz; Seite 11, Fotos Denkmal, Vater und Sohn: Eva Feldenkreiz, ETH EZKERA, Association of Tzoyzmir Jews and Moreshet Publishing, o.J.

FOLMAN RABAN: Seite 9, Foto Zyklon B: Infobroschüre Auschwitz-Birkenau, Staatliches Museum Auschwitz, o.J.

GOLAN: Seite 2, Foto Berlin-Tiergarten, 10. November 1938: Materialien zum Denkmal für die ermordeten Juden Europas, hrsg. von der Stiftung für die ermordeten Juden Europas, Nicolai'sche Verlagsbuchhandlung, Berlin 2005.

GORA: Seite 7, Foto Speisesaal: Jewish Sites in Warsaw, City of Warsaw, o.J.; Seite 8, Zeichnung: Teofila Reich-Ranicki, aus: Teofila Reich-Ranicki, Hanna Krall, Leben im Warschauer Getto, Deutsche Verlags-Anstalt DVA, München 1998; Seite 11, Foto Umschlagplatz, und Seite 14, Foto Ghetto-Eingang: Jewish Sites in Warsaw, a.a.O.

HEN: Seite 1, Plan: Warszawskie Getto, Wydawnictwo Interpress Warsawa 1988; Seite 2, Foto Bartschneideszene: Zydowski Instytut Historyczny – Instytut Naukowo-Badawczy / Jewish Institute, Warschau; Seite 7, Foto Ghettomauer: Jewish Sites in Warsaw, a.a.O.; Seite 12, Foto Janus Korczak: Korczak Archiv des Ghettokämpfer-Museums, Beth Lohamei Haghetaot, Israel.

HILSENRATH: Seite 4, Fotos Ghettoszenen, Seite 6, Panzer im Ghetto, Seite 7, Gully, Seite 8, Panzer, Ghettokämpfer: Warszawskie Getto, a.a.O.; Seite 10, Karte: Atlas Carta, ... Not on A Silver Platter: A History of Israel, 1900-2000, Carta and Ministry of Defense Publishing House, Jerusalem 2000; Seite 10, Fotos Arbeit im Kibbuz: Kibbuz Nachshon.

KIESLER: Seite 3, Foto Plakat: akg-images; Seite 9, Briefe: Katalog der ständigen Ausstellung im Haus der Wannsee-Konferenz, Edition Hentrich, Berlin 2006; Seite 14, Foto Auschwitz, und Seite 15, Foto Brausen: Yarek Mensfelt; Seite 16, Foto „One of the huts ...", Eva Feldenkreiz, a.a.O.; Seite 17, Foto „Keep off ...", Seite 18, Foto Tor, Seite 19, Foto Geleise: Yarek Mensfelt; Seite 21,

Foto Weimar: Jürgen Frenkel; Seite 23, Foto Margot und Anne Frank: Getty Images; Seite 23, Foto SS-Männer zwischen Toten im Massengrab: Imperial War Museum London; Seite 27, Foto Juden im Wald: Yarek Mensfelt.

SCHWERSENZ: Seite 10, Foto Schaufenster: Yad Vashem, The Holocaust Martyrs' and Heroes' Remembrance Authority, Jerusalem; Seite 10, Foto „Deutsche, kauft nicht ...": Materialien zum Denkmal für die ermordeten Juden Europas, a.a.O.; Seite 11, Foto Gruppe im Wald, Seite 12, Foto Jizchak Schwersenz mit Edith Wolff 1943: Jizchak Schwersenz, Die versteckte Gruppe. Ein jüdischer Lehrer erinnert sich an Deutschland, Wichern-Verlag, Berlin 1984; Seite 14, Foto Männer mit Judenstern, und Seite 16, Foto Bahnsteig: Staatliches Museum Auschwitz; Seite 25, Foto Leopold Chones: Jizchak Schwersenz, a.a.O.

WEINRYB: Seite 8, Foto Steinbruch: Gedenkstätte Buchenwald, Weimar/Buchenwald; Seite 9, Foto Buchenwald: Jürgen Frenkel.

Zitat Primo Levi von Seite 5 aus: Gespräche und Interviews, herausgegeben von Marco Belpoliti, aus dem Italienischen von Joachim Meinert, Hanser, München 1999.

Zitat Rachel van Amerongen-Frankfoorder, Kiesler Seite 23, aus: Willy Lindwer, Anne Frank. Die letzten sieben Monate. Augenzeuginnen berichten. © Willy Lindwer. Aus dem Niederländischen von Mirjam Pressler. © S.Fischer Verlag GmbH, Frankfurt am Main 1990.

Die Schreibweise in diesem Buch entspricht
den Regeln der neuen Rechtschreibung.

Unser gesamtes lieferbares Programm und
viele andere Informationen finden Sie unter
www.hanser.de

1 2 3 4 5 11 10 09 08 07

ISBN 978-3-446-20859-9

Umschlag und Buchgestaltung:
Notker Schweikhardt
Umschlagfoto: Digne M. Marcovicz
Druck und Bindung: Ebner & Spiegel, Ulm
Printed in Germany